woven
Italian textiles from the Medici to the Modern Age
splendour

PUBLISHED BY MIDDLESEX UNIVERSITY PRESS

contents

Introduction	3
Sumptuous silks – textiles in Renaissance Italy	14
Made in Italy – Italian textiles from the 17th century to the present	22
Renaissance riches 1400 – 1600	30
European excellence 1600 – 1800	40
The modern age 1800 – 2004	50
Bibliography	60
Sponsor	61
About the museums	62
Acknowledgements	64

introduction

Daniela Degl'Innocenti

It is no coincidence that so many silk textiles of the Renaissance period have been preserved in Italy. Renaissance Italy was notable for the many prestigious textile manufacturers who produced works of great technical and artistic value. This exhibition presents a selection of Italian textiles from the fifteenth century to the present from the collections of the Museo del Tessuto, in Prato. The collections, which have been developing since 1975 when the Museum was founded, contain numerous particularly significant textiles from the Renaissance period (from the 15th to the 17th century) as well as later centuries.

Until the Middle Ages, textile production in Italy was controlled by strict legislation. Silks, in particular, were extremely expensive commodities and thus had only been available to the elite, such as senior members of the church, the aristocracy and wealthy merchants. The use of textiles in secular dress was regulated by the so-called '*leggi suntuarie*', (sumptuary laws) which controlled usage according to income. The cost of such articles was dependent on various factors: the raw material (the silk and metallic threads) and the costs of production which required workers who were highly skilled in the different phases of the process (spinning, dyeing, warping, weaving and, finally, tailoring).

Tuscany was one of the major centres of production of both woollen and silk textiles until the Middle Ages. In particular the city of Lucca took advantage of the knowledge brought by the textile makers of Palermo, and was the first manufacturing centre in the region to set up the production of silk designs, the so-called '*panni lucani*'. These textiles were greatly prized in the highest secular and ecclesiastical offices of the time. The complexity of the designs of these fabrics reflected late Italian gothic style, and their symbolism and subjects show traces of Oriental

La mostra presenta una selezione di 25 tessuti di manifattura italiana dal secolo XV all'epoca contemporanea, provenienti dalle collezioni tessili del Museo del Tessuto di Prato. Le raccolte, costituitesi a partire dal 1975, anno di fondazione del Museo, accolgono numerosi reperti particolarmente significativi per il periodo che riguarda il primo e il tardo Rinascimento (dal XV al XVII secolo).

*Non è un caso che proprio in Italia si siano conservati numerosi tessuti serici di questo arco cronologico. La geografia economica dell'Italia del Rinascimento è segnata da numerose e prestigiose manifatture tessili che hanno dato luogo ad opere di grande valore tecnico e artistico. La produzione tessile è stata, fin dal Medioevo, regolamentata da una severa legislatura imposta dalle cosiddette Arti. In modo particolare i manufatti serici erano considerati tra le merci più preziose e pertanto la loro fruizione era accessibile ad una ristretta cerchia di persone quali le alte gerarchie ecclesiastiche, l'aristocrazia e la classe mercantile. Il loro impiego nell'abbigliamento laico era vincolato dalle cosiddette '*leggi suntuarie*' che ne legiferavano l'uso secondo il censo. Il costo di tale manufatto era imputabile alla materia prima, la seta e il filato metallico, oltre ai costi di lavorazione che richiedevano maestranze altamente specializzate nelle diverse fasi del processo: filatura, tintura, orditura, tessitura e infine la confezione.*

*La Toscana è stata a partire dal periodo medievale uno dei maggiori centri di produzione sia per quanto riguarda i tessuti di lana che quelli di seta. La prestigiosa manifattura di Lucca, avvantaggiatasi della formazione portata in città dai tessitori palermitani, è il primo centro manifatturiero della regione ad avviare la produzione di sete operate, i cosiddetti '*panni lucani*', la cui preziosità era nota presso le maggiori cariche laiche ed ecclesiastiche del tempo. La complessità dei disegni che*

INTRODUCTION

Musée du Louvre, Paris

FIG 1 *(opposite) The Virgin of Chancellor Rolin, Jan van Eyck, 1435 (above) detail*

and Middle Eastern influences. Textile manufacturing in Lucca declined towards the end of the fourteenth century. Workers moved to the neighbouring city of Florence, which became an established centre for the production of highly technical and artistic textiles from the early fifteenth century.

A famous fifteenth-century treaty, held in the Laurenziana Library of Florence[i] documents two prevalent decorative motifs: the '*a griccia*' form and the '*de' camini*' form. The former consists of long, undulating trunks expanding vertically, crowned by lobed leaves which occupy the centre of the pomegranate motif **(p 33)**, a design evident in numerous paintings and sculptures, both of Tuscan origin (Donatello, Piero della Francesca) and European (Jan Van Eyck, Giusto di Gand) **(FIG 1)**. The '*de' camini*' form, on the other hand, is a lobed-leaf design which repeats in horizontal rows with the pomegranate motif at the centre **(p 35)**. The manuscript is testimony to the importance of velvet weaving, since velvet was the most prestigious textile of the time, lending itself to an infinite possibility of

queste stoffe presentano, oltre all'impianto compositivo della decorazione, sono lo specchio dello stile tardo gotico italiano, fortemente influenzato da citazioni, simbologie e soggetti che risentono delle influenze medio ed estremo orientali. La stagione della manifattura tessile lucchese declina verso la fine del Trecento con il passaggio delle maestranze alla vicina città di Firenze che, dall'inizio del XV secolo, avvia una produzione di grande livello artistico e tecnico.

Un famoso trattato quattrocentesco, conservato presso la Biblioteca Laurenziana di Firenze[i] documenta due tipologie decorative prevalenti: il modulo 'a griccia' e il modulo 'de' camini'. Il primo presenta lunghi tronchi ondulanti a sviluppo verticale coronati da foglie lobate che ospitano al centro il motivo della melagrana **(p 33)**, *disegno attestato in numerose testimonianze pittoriche e scultoree sia di ambito toscano (Donatello, Piero della Francesca) sia di ambito europeo (Jan Van Eyck, Giusto di Gand)* **(FIG1)**. *Il modulo 'de' camini', invece, presenta un disegno a foglie lobate a sviluppo orizzontale con al centro il motivo della melagrana* **(p 35)**. *I moduli documentati dal manoscritto, sono testimoniati nella*

varying techniques.

Also of note are the Perugian cloths[ii], some of the most widespread textile types in the fifteenth century **(p 33)**. These domestic items preserved a decorative repertoire which remained faithful to medieval traditions (including animals facing the Tree of Life, fantastic animals, courtly scenes, and stylised floral motifs). Characteristic colours of these Perugian cloths are white for the background and blue for the design, with the decoration extending right to the edges of the fabric **(FIG 2 & 3)**.

During the sixteenth century various new textile-

tecnica del velluto, la tipologia tessile più prestigiosa del tempo che conosce un'infinita possibilità di varianti tecniche.

Tra le tipologie tessili più diffuse nel Quattrocento vanno ricordate le tovaglie perugine **(p 33)**, *manufatti di produzione domestica che, in questo secolo, conservano un repertorio decorativo ancora fedele alla tradizione medievale (animali affrontati all'albero della vita, animali fantastici, scene cortesi, motivi vegetali stilizzati). I colori che le caratterizzano sono il bianco per il fondo e il blu per l'opera e la decorazione occupa le estremità del manufatto* **(FIG 2 & 3)**.

FIG 2 *The Last Supper, Domenico Ghirlandaio, 1480*

FIG 3 *Detail from The Last Supper, Domenico Ghirlandaio, 1480*

Chiesa di Ognissanti, Florence

manufacturing techniques were developed, which meant a greater variety in both their appearance and possible use. Lampas, velvets, brocades and damasks were produced in abundance for ecclesiastical and secular use, as well as for furnishings **(p 37)**. In terms of decorative motifs there was a continuing use of the grid pattern made up of gothic stitching with the thistle

Il secolo XVI, sotto il profilo della produzione, rappresenta un periodo di diversificazione delle tecniche tessili in relazione alla fruizione e alla funzione. Vengono largamente prodotti lampassi, velluti, broccatelli e damaschi per uso ecclesiastico, laico o per arredamento **(p 37)**. *Nel repertorio decorativo si afferma e si consolida il motivo a griglia di maglie ogivali con al centro il fiore di*

Museo del Tessuto 75.01.100

cardo o la melagrana **(p 35)**. Alla metà del secolo questo tipo di modulo viene arricchito da influssi decorativi ispano-moreschi, dovuti, oltre che a fattori politici, ai numerosi contatti instauratisi tra manifatture italiane e quelle spagnole **(p 39)**.

Dall'ultimo ventennio del Cinquecento si assiste anche alla diversificazione delle tipologie decorative destinate all'arredo e ai paramenti liturgici (disegni di grande e medio formato) e quelle per abbigliamento. I tagli sartoriali, infatti, diventano molto articolati e richiedono, pertanto, moduli che possano essere ricomposti nella confezione. Si affermano, perciò, motivi di piccole dimensioni impostati entro griglie di maglie oppure disposti per teorie parallele e sfalsate con rametti ricurvi a 's' e orientati verso l'alto e verso il basso **(FIG 4)**.

Sul finire del secolo la produzione tessile italiana prende a modello le stoffe di manifattura francese che, in questo arco cronologico, conoscono un momento di grande fioritura artistica, grazie alla politica economica di Luigi XIV e del suo ministro Colbert. Quest'ultimo, infatti, ridisegna il processo produttivo tessile secondo un piano che prevede la collaborazione tra disegnatori e tessitori. Tale rapporto contribuisce a sviluppare e consolidare il settore promuovendo disegni e tessuti nuovi e competitivi sul mercato. Dall'ultimo ventennio del secolo XVII le manifatture iniziano a produrre tessuti di alto livello tecnico e decorativo. Tra questi va ricordata la tipologia definita 'a pizzo' **(p 47)**. Questa si sviluppa secondo un asse centrale costituito da cespi di foglie, frutta esotica, fiori, affiancato da cornici composte da un fitto intreccio di motivi vegetali e trine, queste ultime elemento saliente dell'abbigliamento del tempo.

In questo arco cronologico i tessuti documentano una tendenza del gusto che permea tutta la produzione

FIG 4 (opposite) Velvet, silk with gold metal thread, Late 16th or early 17th century, Italy

flower or the pomegranate **(p 35)** in the centre. By the middle of the sixteenth century this form became enriched by decorative Hispanic-Moorish influences, owing to the then numerous established contacts between Italian and Spanish manufacturers **(p 39)**.

At the last two decades of the sixteenth century also witnessed the emergence of clear differences in the decorative appearance of textiles between those destined for furnishings and liturgical vestments (designs of large and medium format) and those intended for contemporary dress. Tailoring became more sophisticated and thus required textile designs, which would be suitable for garments. Therefore textiles for clothes tended to be decorated with small motifs set within grids of stitching, often arranged in parallel, or staggered within vertical, s-shaped branches **(FIG 4)**.

At the end of the seventeenth century, Italian textile production began to lose ground to French manufacturers. France was witness to a moment of great artistic flowering during this period thanks to the economic policy of Louis XIV and his Minister of Finance, Colbert. Colbert's policies led to improvements in textile production methods, by encouraging greater collaboration between designer and weaver. This rapport contributed to the development and consolidation of the sector, promoting new designs and textiles, which made France extremely competitive in the market. By the end of the seventeenth century, French manufacturers were producing textiles of a high technical and decorative quality. Of these, the style known as '*a pizzo*' (lace) is particularly notable **(p 47)**. In this example the design develops along a central axis,

FIG 5 *(opposite) Voided velvet, silk with enamelled silver lamella, France, Late 18th or early 19th century*

Museo del Tessuto 81.01.39

INTRODUCTION 11

sumptuous silks
Textiles in Renaissance Italy

Jane Bridgeman

It is incredible to think that for over six hundred years, between the twelfth century and the seventeenth century, silk textiles were obtainable only from Italy and that even kings relied upon Italian agents for their furnishing and dress silks. In 1468, Edward IV not only had to borrow money from the Medici Bank, he also had to ask its agents to supply him with silks for his sister's wedding to Charles the Bold of Burgundy[i]. Elsewhere in Europe people also had to rely upon Italians for luxury fabrics. In Geneva from 1437 a Florentine silk manufacturer, Andrea Banchi & Co, had a permanent agent on an annual salary of sixty florins who sold silk velvets from one and a half to five florins a braccio (58 cm)[ii]. His most expensive textile, approximately twenty-three metres of crimson silk velvet in three heights of pile brocaded with gold, did not sell. It was sent to Barcelona in 1443 for around 700 florins, a considerable sum of money.[iii]

In the eighth and ninth centuries the silk industry was not yet founded in Italy and silks were imported from Constantinople, Antioch, Alexandria and Spain, but by the twelfth century there were silk weavers in Lucca, Genoa, Venice, Florence and Bologna. High levels of investment, and merchants resident abroad ensured sea-borne supplies of dyestuffs (kermes), mordants (alum) and raw silk from the Eastern Mediterranean and around the Black and Caspian Seas.[iv]

In the fifteenth and sixteenth centuries the largest number of textiles in most households was found on the beds. Bed-curtains, canopies or testers were of woollen cloth for winter and linen in summer, and sheets, pillowcases and bolster-covers were also linen. These items, as well as coverlets and quilt covers (sometimes lined with fur), were not usually silk unless their owner was rather rich. No seating was

È curioso pensare che fino al Seicento, in Europa, le stoffe in seta provenissero solamente dall'Italia e che i sovrani dipendessero da agenti italiani per forniture di sete destinate all'arredamento e alla confezione di abiti. Edoardo IV d'Inghilterra, non solo fu costretto a chiedere un prestito alla Banca Medici ma dovette anche ordinare agli agenti di tale banca la fornitura di sete per il matrimonio della sorella con Carlo il Temerario di Borgogna nel 1468. Anche altrove ci si rivolgeva agli italiani per l'acquisto di tessuti pregiati. Dal 1437 la compagnia di Andrea Banchi e soci, produttori fiorentini di tessuti di seta con succursale a Ginevra, impiegava, con un contratto annuale di 60 fiorini, Priorozzo di Giovanni di Lodovico Banchi per la vendita di velluti (di seta) a prezzi che partivano da un fiorino e mezzo fino ad arrivare a cinque a braccio (58 cm). Fu difficile vendere il tessuto più pregiato: circa 23 metri di velluto cremisi alto-basso allucciolato, a tre altezze di pelo e broccato in oro, al prezzo di venti fiorini a braccio. Il velluto fu poi inviato a Barcellona e venduto nel 1443 per quasi 700 fiorini – una notevole somma di denaro.

In Italia, nei secoli VIII e IX, l'industria della seta non si era ancora costituita e le stoffe venivano importate da Costantinopoli, Antiochia, Alessandria d'Egitto e dalla Spagna. Tuttavia, già a partire dal XII secolo, l'arte della seta prende avvio in città quali Lucca, Genova, Venezia, Firenze e Bologna. La possibilità di effettuare investimenti elevati e la presenza di compagnie mercantili con sede all'estero, assicuravano forniture via mare di coloranti per tessuti (chermes – coccus ilicis), mordenti (allume potassico) e seta grezza provenienti dal Mediterraneo orientale, dal Mar Nero e dal Mar Caspio.

Nei secoli XV e XVI la maggior parte dei tessili presenti nelle abitazioni era destinato alle camere da letto. I tendaggi da letto e i baldacchini erano di lana per

FIG 6 *(opposite) The Virgin and Child with Donor, Hans Memling, 1480*

SUMPTUOUS SILKS 15

upholstered, but had cushions or quilted covers of embroidered canvas, cloth or, rarely, silk velvet. Tables were draped with imported rugs or carpets and, by the mid-sixteenth century, purpose-made velvet table covers. Windows had wooden shutters and were not curtained (but doors might be) and walls were painted to imitate cloth. In wealthier households walls were covered with lined hangings of linen, wool cloth, silk or tapestry (which had to be imported from Flanders), suspended near the ceiling on hooks. Floors were, as today in Italy, not covered but tiled with brick, ceramic or marble.

In public life textiles played a ceremonial role. Furnishing silks were brought out from stores in churches and palaces for religious festivals, coronations, marriages, funerals and state visits. They were hung from windows, over balconies, canopied streets and squares and covered the steps and entrances of important buildings.

Most people would have first seen silks in church. All churches (especially before the Reformation) owned splendid vestments and furnishings **(FIG 6)**. Altars were covered with silk damasks, velvets and delicately embroidered linen cloths; chapels were ornamented with silk curtains; floors and steps were covered with carpets. At important festivals, gold-brocaded velvet or damask hangings could envelop the interiors from floor to ceiling and reach from the entrance to the high altar. The quantities required could be enormous – surviving hangings for the Benedictine abbey church in Florence (La Badia Fiorentina) total approximately 220 metres in length[v]. Many such textiles were donated or bequeathed to churches for hangings or vestments as, for example, a piece of white Venetian silk costing twenty-four shillings and four pence given to St Peter's, Westminster in 1247.[vi]

l'inverno e di pannolino per l'estate, mentre lenzuoli, federe e coperte di traversino erano sempre di lino. La biancheria, assieme a copriletti e trapunte (foderate a volte di pelliccia), di solito non era in seta, a meno che il proprietario non fosse particolarmente abbiente. Le sedute non erano imbottite, tuttavia disponevano di cuscini o fodere trapuntate, ricamate su tela, panno o, raramente, su velluto (di seta). I tavoli erano, talvolta, coperti da tappeti di diverse dimensioni importati e, a partire dalla metà del XVI secolo, da appositi copritavolo in velluto. Le finestre erano dotate di persiane in legno senza tende che, invece, ornavano porte; le pareti erano decorate con drappi fittizi. Nelle dimore gentilizie le pareti erano ornate con drappi di lino, panni di lana e di seta foderati, oppure arazzi importati dalle Fiandre, sospesi in prossimità del soffitto tramite ganci. I pavimenti erano, come lo sono ora in Italia, non rivestiti ma piastrellati in mattone, ceramica o marmo.

Nella vita pubblica le stoffe svolgevano un ruolo più cerimoniale. Le sete per l'arredamento venivano prelevate dai magazzini, in cui solitamente erano conservate, e portate in chiese e palazzi in occasione di festività religiose, incoronazioni, matrimoni, funerali, e visite di stato. Queste venivano appese alle finestre, sui balconi oppure formavano baldacchini su strade e piazze, coprivano scale ed entrate di edifici di rilievo.

Di solito le chiese erano il primo luogo in cui si potevano apprezzare tessuti di seta. Ogni chiesa (in particolar modo prima della Riforma) possedeva paramenti e arredi sontuosi **(FIG 6)**. *I paliotti d'altare e le pareti erano rivestiti di damasco di seta e di velluto (oppure di tele finemente ricamate), le cappelle erano ornate di drappi di seta e i pavimenti erano coperti da tappeti. Nel corso di festività importanti, si usava rivestire le pareti di velluto allucciolato con fondo in teletta d'oro. La quantità di tessuto richiesta per tale funzione poteva essere impressionante – l'attuale parato dalla Badia Fiorentina ora al Museo Bardini*

Galleria Borghese, Rome

FIG 7 *Circe, Dosso Dossi, 1520*

The palaces of kings, nobles and high-ranking clergymen were furnished with silks, especially when their apartments lodged important guests. In this context textiles served a different purpose. Their quantity and quality reflected the wealth and status of the host and were a courtesy to visitors. Public rooms were quickly decorated with hangings and with tapestries, and ambassadors or other dignitaries were

(Firenze), ha una lunghezza di circa 200 metri. Molti tessuti di questo genere, tuttavia, venivano donati alle chiese e servivano anche per confezionare paramenti come, ad esempio, la pezza di velluto veneziano bianco costata 24 scellini e quattro penny che fu donata nel 1247 a St. Peter, Westminster.

I palazzi di sovrani, nobili ed ecclesiastici di alto rango erano arredati con sete, soprattutto in occasione di visite

SUMPTUOUS SILKS

received by a ruler seated on a throne (of wood, but covered with silk) set on a carpet, with a silk canopy fixed above it and a silk cloth of honour behind, often woven or embroidered with the owner's heraldic emblems and coats of arms. Guests of state, like Eleonora of Aragon visiting the immensely rich

importanti. In questo caso i tessuti svolgevano una funzione diversa. La loro quantità e qualità rifletteva la ricchezza e lo status del padrone di casa e la loro esibizione rappresentava un gesto di cortesia nei confronti degli ospiti. I vani destinati al pubblico venivano arredati velocemente con drappi e arazzi; ambasciatori o altri

FIG 8 *Tabletop, Jacopo Autelli, 1633-1649*

Galleria degli Uffizi, Florence. Su concessione del Ministero per i Beni e le Attività Culturali

SUMPTUOUS SILKS

Tabletop, Jacopo Autelli, 1633-1649 – see Fig 8

Cardinal of San Sisto in Rome in 1473, might find her private suite hung with white, gold-brocaded silk damask and the bed and other furnishings covered with white and crimson taffeta, crimson and white velvet, satins and damasks as well as richly embroidered cushions.[vii]

The examples in this exhibition show the extremely high quality of Italian silks in the fifteenth and sixteenth centuries. Approximately 58 cm wide, they were woven in lengths or 'pieces' of 14 metres. The time required to produce them varied. Twenty-nine metres of velvet, 58 cm wide, in three heights of pile brocaded with gold took around six months to weave, but the same length of plain satin took two months and taffeta only a month.

Silk velvet, an exclusively Italian invention, was one of the most popular weaves both for furnishing and clothing in the fifteenth century **(pp 33 & 35) (FIG 7)**. Other weaves were also produced, notably damasks and satins. In the sixteenth century damasks, lampas **(p 35)**, brocatelles **(p 37)** and watered silks became more usual. The pomegranate or thistle motif which dominated fifteenth-century design was replaced with small plant forms and stylised acanthus leaves, branches, and buds or – as for the famous Genoese furnishing velvets – with flowers like irises linked by crowns and feathers. Sixteenth-century designs often have a vertical axis, enhanced with birds and '*grottesche*' or fanciful half-human half-animal figures **(pp 35 & 37)**. Similar ideas were echoed in other forms of Italian applied art up to half a century later, and can

dignitari erano ricevuti dal padrone di casa che sedeva su un trono (di legno rivestito in seta) sovrastato da un baldacchino di seta e collocato su un tappeto. Dietro il trono pendeva un panno onorifico, il più delle volte tessuto o ricamato con gli emblemi araldici e i blasoni del proprietario. Spesso ospiti ufficiali, come Eleonora d'Aragona in visita presso il ricchissimo cardinale di San Sisto a Roma, nel 1473, trovavano le pareti delle loro suite decorate 'de damaschino byanco broccato' ed il letto ed altri mobili ricoperti di taffettà bianco e cremisino, di velluto bianco e cremisino, e 'cossini de damaschino byanco et altre sedie di diverse colori in quantite'.

I tessuti selezionati per questa mostra testimoniano la finissima qualità delle sete italiane del XV e XVI secolo. I tessuti, larghi approssimativamente 58 cm, venivano prodotti in lunghezze o 'pezze' di 14 metri. Il tempo di lavorazione richiesto per la produzione poteva variare. Per la tessitura di 29 metri di velluto largo 58 cm, a tre altezze di pelo e broccato in oro, occorrevano circa sei mesi; per la stessa lunghezza di tessuto ma di raso in tinta unita ne occorrevano due e solo uno per un tessuto di taffettà.

Nel XV secolo il velluto in seta, invenzione esclusivamente italiana, era una delle stoffe più apprezzate sia per l'arredamento che per la confezione di abiti **(pp 33 & 35) (FIG 7)**. Nello stesso periodo venivano, inoltre, prodotti altri tipi di stoffa, in particolare damaschi e rasi. Più comuni nel XVI secolo erano i damaschi, i lampassi **(p 35)**, i broccatelli **(p 37)** e le sete marezzate. Il motivo a melagrana o cardo, dominante nelle tipologie decorative del XV secolo, venne sostituito

be seen, for example, in the inlaid tabletop by Jacopo Autelli **(FIG 8)**, which also features scrolling symmetrical forms and fantastical creatures. Rather than the crimson, dark blue, or dark green favoured in the fifteenth century, they have lighter colourways, and are polychrome, notably crimson on cream, green on cream, or gold and silver on pale violet **(pp 37 & 39)**.

da motivi recanti piccole piante, foglie di acanto stilizzato, rami e gemme o – come nei noti velluti genovesi per l'arredamento – fiori quali iris, uniti da corone e piume. Nel Seicento i motivi presentavano, spesso, uno sviluppo verticale, con soggetti come uccelli, 'grottesche' o figure fantastiche, per metà umane e per metà animali **(pp 35 & 37)**. *Tali raffigurazioni sono presenti in altre forme d'arte applicata, fino alla metà del secolo successivo. Ne è esempio il pregevole tavolo intarsiato di Jacopo Autelli* **(FIG 8)** *nel quale sono rappresentate forme simmetriche 'a candelabra' e animali fantastici. Tali motivi piuttosto che avere combinazioni di colore cremisi, blu o verde scuro (tipiche del XV secolo), presentavano colori più chiari ed effetti policromi, in particolare cremisino su fondo crema, verde su crema o oro, e argento su viola pallido* **(pp 37 & 39)**.

i Raymond de Roover, *The Rise & Decline of the Medici Bank,* New York 1966, p 332

ii A braccio was a Florentine measure of width equivalent to 0.584 of a metre, approx 58 cm. A heavy silk, 'a piece', was usually 24 braccia long.

iii Florence Edler de Roover, 'Andrea Banchi, Florentine silk manufacturer and merchant in the fifteenth century', *Studies in Medieval and Renaissance History,* Vol III, University of Nebraska Press, Lincoln Nebraska, 1966, p 266

iv There was some small-scale silk weaving in Paris, Cologne & Zurich in the 13th and 14th centuries, and a somewhat more substantial industry in Spain from the 13th century onwards, but Spain never had exports on a scale to match the Italians.

v *Un parato della Badia Fiorentina,* ed Dora Liscia Bemporad & Alessandro Guidotti, Museo Bardini, Florence 1981, p 42

vi D Jacoby, 'Dalla materia prima ai drappi tra Bizanzio, il levante e Venezia: La prima fase dell'industria serica veneziana', in: *La seta in Italia del Medioevo al Seicento. Dal baco al drappo,* eds Luca Molà et al, Venezia 2000

vii C Corvisieri, 'Il trionfo Romano di Eleonora d'Aragona nel giugno 1473', in: *Archivio della Società Romana di Storia Patria,* vol II, Rome 1878 pp 646-47

i Raymond de Roover, The Rise & Decline of the Medici Bank, *New York 1966, p 332*

ii *A braccio era una misura fiorentina che misurava in larghezza 0,584 metri, approssimativamente 58 cm. Una seta pesante, una 'pezza' solitamente era lunga 24 braccia.*

iii *Florence Edler de Roover, `Andrea Banchi, Florentine silk manufacturer and merchant in the fifteenth century',* Studies in Medieval and Renaissance History, *VOL III, University of Nebraska Press, Lincoln Nebraska, 1966, p 266*

iv *Esistevano dei centri di manifattura serica di piccole dimensioni a Parigi, Colonia e Zurigo nel XIII e XIV secolo e un'industria di maggiori dimensioni in Spagna a partire dal XIII. Tuttavia il commercio d'esportazione della Spagna non raggiunge mai i livelli di quello italiano.*

v *Un parato della Badia Fiorentina, ed Dora Liscia Bemporad & Alessandro Guidotti, Museo Bardini, Florence 1981, p 42*

vi *D Jacoby, `Dalla materia prima ai drappi tra Bizanzio, il Levante e Venezia: La prima fase dell'industria serica veneziana', in:* La seta in Italia dal Medioevo al Seicento. Dal baco al drappo, *eds Luca Molà et al, Venezia 2000*

vii *C Corvisieri, `Il trionfo Romano di Eleonora d'Aragona nel giugno 1473', in: Archivio della Società Romana di Storia Patria, vol II, Roma, 1878, pp 646-47*

made in italy
Italian textiles from the 17th century to the present

Zoë Hendon

Italian weaving centres dominated tastes and trade in textiles until well into the seventeenth century. In previous centuries there had been little distinction between textiles intended for furnishing and those meant for clothing, but gradually a clear differentiation emerged, with upholstery fabrics tending to feature large scale repeats, while clothing fabrics used less decoration and smaller patterns. The fashion for hanging walls with lengths of silk meant that damasks with large-scale patterns **(p 43)** were especially popular in this period. In addition, one important impact of the Italian Renaissance on domestic furnishings was the idea of regularity and harmony. This meant the development of decorative schemes in which all the furnishings were 'unified', that is 'co-ordinated'.[i]

However, from the end of the seventeenth century the French silk industry gradually came to dominate the European market, thanks to the policies of Henry IV (1553-1610) and Louis XIII (1601-1643), who encouraged the development of the silk manufacturing in Tours and Lyon. In the eighteenth century the French court became the centre of European fashion, with Madame de Pompadour and her courtiers acknowledged as leaders in fashionable taste **(FIG 9)**. Luxury fabrics continued to be symbolic of status and wealth, both in terms of consumption and in terms of the control of production. Given the French court's fondness for luxury goods and furnishings it became economically important to develop the silk weaving industry, since the economy would otherwise have suffered in the face of imports of Spanish, Italian and Flemish fabrics. By offering special privileges and incentives, France was able to attract some of Italy's finest weavers, so that the French silk industry was built on Italian expertise. The period was characterised by an increasingly rapid

Fino a buona parte del XVII secolo i centri di produzione tessile italiani dominarono la scena del gusto e del commercio tessile. I secoli precedenti erano stati caratterizzati da una scarsa diversificazione dei tessuti destinati all'arredamento e all'abbigliamento. Tuttavia, una netta distinzione emerse con il graduale affermarsi di motivi decorativi a grandi moduli destinati a tessuti per rivestimento e di disegni di piccole dimensioni per tessuti d'abbigliamento. Il gusto di decorare le pareti con lunghe metrature di seta decretò il successo dei damaschi a grandi moduli **(p 43)**. Il senso di equilibrio e di armonia, inoltre, rappresentò uno dei maggiori contributi del Rinascimento italiano al settore dell'arredamento della casa. Questo portò allo sviluppo di schemi decorativi che resero 'uniforme', vale a dire 'co-ordinato' l'arredo degli interni.[i]

A partire dalla fine del secolo XVII, comunque, il mercato europeo cominciò ad essere dominato dall'industria serica francese, grazie alla politica economica di Enrico IV (1553-1610) e Luigi XIII i(1610-1643), i quali incoraggiarono lo sviluppo della manifattura della seta in centri quali Tours e Lione. Nel XVIII secolo la Corte di Francia divenne il centro per eccellenza della moda europea; qui dominavano figure quali Madame Pompadour e i suoi cortigiani, riconosciuti, in fatto di tendenze, come leader indiscussi del gusto **(FIG 9)**. I tessuti pregiati continuarono ad essere simbolo di status e ricchezza, sia in termini di consumo che di controllo della produzione. La passione della Corte di Francia per i beni e l'arredamento di lusso incentivò economicamente lo sviluppo dell'industria serica al fine di evitare le pressioni economiche derivanti dalle importazioni di tessuti spagnoli, italiani e fiamminghi. Tramite incentivi e privilegi speciali la Francia riuscì ad attrarre alcuni tra i più abili maestri tessitori, creando così

FIG 9 (opposite) Madame de Pompadour, François-Hubert Drouais, 1763-4

MADE IN ITALY

turnover of 'fashionable' styles, fuelled by the trend-setting French court **(FIG 10)**.

Velvet designs of previous centuries had relied on a strong graphic outline for their effect **(p 33)**, due to the particular constraints of velvet-weaving techniques. In this period the further development of different weaving techniques meant that entirely new

un' industria nazionale della seta su modello di quella italiana. Le innovazioni nel settore tessile – quali la più moderna versione del telaio al tiro – determinarono l'introduzione di nuove mode a ritmi sempre più accelerati. Tale periodo vide un crescente e rapido ricambio di 'stili' alla moda, alimentato dai dettami e dalle tendenze della Corte di Francia **(FIG 10)**.

FIG 10 *The Tailor, Pietro Longhi, 1741*

Galleria dell'Accademia, Venice

FIG 11 *The Love Messenger, Raffaele Giannetti, 1870 ca*

MADE IN ITALY

Asta Finarte, Milan

MADE IN ITALY

effects could be created **(p 47)**. Lampas weaves have a smooth glossy surface like damasks **(p 45)** but additional warps and wefts are added in order to achieve greater chromatic subtlety. This enabled the development of a more naturalistic treatment of floral motifs **(p 47)** and the development of perspective effects **(p 47)**. 'Lace' patterned silks were popular from the late-seventeenth to early-eighteenth centuries **(p 47)**, borrowing their inspiration from lace designs of the same period. Luxury textiles were also often embellished by brocading **(p 49)**, in which additional colours or metal threads were added for decorative effect.

The French Revolution had a damaging effect on French textile manufacturing, since the demand for luxury goods decreased dramatically. However, Napoleon I (1769-1821) subsequently developed policies, which revived the industry; for example, by commissioning new furnishings for his residences in what became known as 'Empire' style[ii] **(FIG 5)**.

Napoleon was also interested in technical innovation and encouraged the introduction of the Jacquard loom, which was to have an enormous impact on the European textile industry of the nineteenth century. Invented by Joseph Marie Jacquard in the late 1700s, the Jacquard loom used a series of punched cards to lift and separate the warp threads. The punched cards were the first step towards automation of textile manufacturing, since fewer workers were required and more complex patterns could be produced. The same cards could be used to 'programme' a number of different looms, ensuring greater quality and consistency. In the late-nineteenth century, damasks continued to be the favoured textile for furnishing, **(FIG 12)**, but lampas **(p 53)** and

FIG 12 *(opposite) The Letter of Recommendation, Luigi Busi, 1874*

Lo stile dei motivi presenti nei velluti dei secoli precedenti era improntato su un forte schema grafico **(p 33)**, *dovuto anche ai particolari limiti delle tecniche della lavorazione serica. In questo periodo la diversificazione delle tecniche di tessitura facilitò l'imporsi di effetti completamente nuovi* **(p 47)**. *I lampassi si presentavano con una superficie patinata liscia, simili ai damaschi* **(p 45)**, *cui venivano aggiunti ulteriori orditi e trame per ottenere una maggiore raffinatezza cromatica. Questo rese possibile un trattamento sempre più naturalistico dei motivi floreali* **(p 47)** *e degli effetti prospettici* **(p 47)**. *La seta con motivi a pizzo fu in voga dalla fine del XVII fino all'inizio del XVIII secolo* **(p 47)** *su ispirazione dei manufatti in pizzo dello stesso periodo. Le stoffe pregiate venivano, inoltre, impreziosite da lavorazioni in broccato* **(p 49)** *alle quali erano aggiunti colori o filati metallici per ottenere un maggiore effetto decorativo.*

La rivoluzione francese ebbe un effetto deleterio sull'industria della seta in Francia, poiché causò una drastica riduzione della domanda di merci di lusso. Successivamente Napoleone I (1769-1821) attuò politiche che portarono nuovo slancio all'industria tessile, commissionando nuovi arredi in quello che fu definito 'stile Impero'[ii] **(FIG 5)**.

Napoleone, inoltre, nutrì un particolare interesse per le innovazioni tecniche nel settore tessile e incoraggiò l'introduzione del telaio Jacquard, che avrebbe esercitato un notevole impatto sull'industria del XIX secolo. Inventato da Joseph Marie Jacquard alla fine del 1700, il telaio Jacquard si avvaleva di una serie di schede perforate per sollevare i fili dell'ordito. Le schede perforate rappresentarono il primo passo nel processo di automazione della manifattura tessile, richiedendo una minore presenza di manodopera e consentendo l'esecuzione di motivi più complessi. Le stesse schede potevano essere utilizzate per 'programmare' una serie

Museo del Tessuto 04.02.01

MADE IN ITALY

brocatelles were used for the most prestigious interiors.

In the twentieth century, Italian textiles have regained much of the prestige lost to France in the seventeenth century **(FIG 13)**. Italian designers have continued to draw inspiration from the past as well as looking forward to the future. The work of Mariano Fortuny, for example, was particularly inspired by the Venetian Renaissance. Fortuny is perhaps best known for his 'Delphos' dresses made of finely pleated silk which draped and flattered the female form[iii]. But he also designed stunning printed textiles **(p 55)**, combining his knowledge of traditional dyes with more experimental printing techniques. Continuing Italy's best traditions of luxury textile production, companies such as Lisio[iv] still use traditional methods for the production of high quality fabrics **(p 57)**, while others such as Lietta Cavalli **(p 59)** demonstrate that Italian textiles are also looking to the twenty-first century.

di telai diversi, garantendo maggiore qualità e consistenza. Alla fine del XIX secolo nell'arredo dominavano ancora i damaschi **(FIG 12)**, *sebbene gli interni più prestigiosi fossero decorati con lampassi* **(p 53)** *e broccatelli.*

Nel XX secolo l'Italia ottenne di nuovo il primato sottrattole dalla Francia nel XVII secolo **(FIG 13)**. *I disegnatori tessili italiani continuarono ad ispirarsi al passato ma con un occhio orientato al futuro. Il lavoro di Mariano Fortuny, per esempio, trasse particolare ispirazione dal Rinascimento veneziano. Fortuny è forse più noto per la creazione degli abiti 'Delphos', manufatti di seta finemente plissettata, che avvolgevano e abbellivano le forme femminili*[iii]. *Egli, però, creò anche degli straordinari tessuti stampati* **(p 55)**, *avvalendosi sia di tecniche classiche di colorazione a lui note, sia di tecniche di stampa più sperimentali.*

Sulla scia della migliore tradizione italiana di produzione di stoffe pregiate, vi sono oggi alcune aziende quali Lisio[iv] *che, per la produzione di tessuti di alta qualità* **(p 57)**, *si avvale ancora di metodologie tradizionali. Altre esperienze, come quella di Lietta Cavalli* **(p 59)**, *testimoniano come i tessuti italiani contemporanei siano frutto di un'antica cultura tessile capace, però, di guardare con originalità e gusto al futuro.*

---

i *Authentic Décor: the domestic interior 1620-1920*, Peter Thornton, London, Weidenfeld & Nicholson, 1984, p14
ii *Velvet*, ed Fabrizio de Marinis, Idea Books, 1984, Chapter 2
iii *Mariano Fortuny*, Guillermo de Osma, London, Aurum, 1994
iv www.fondazionelisio.org

FIG 13 *(opposite) Printed cotton twill, Mariano Fortuny, circa 1940*

renaissance riches
1400-1600

ILLUSTRATION 1

In Renaissance Italy, velvet was always associated with important people and special occasions, and in particular with church ceremonies. It was frequently depicted in religious paintings to emphasise the splendour and significance of the themes **(p 4)**. In this period there was little difference between textiles for furnishing and for clothing.

The surface effect of velvet is achieved by different heights of pile and the brilliance of the colours. This example consists of a flowing trunk shape, which forms an ogee, wrapped with flowers and buds. The thickness and quality of this velvet, and the incorporation of gilded threads, mean that it would have been an extremely expensive luxury item at the time it was made. The large scale of the design is typical of this period.

ILLUSTRATION 2

This is an example of the type of linen tablecloth known as 'Perugian' but which was also made in Lucca and elsewhere in Tuscany in the late fifteenth century. Decorative blue bands are woven into the fabric. Household linens such as sheets, pillow cases and tablecloths were expensive and represented a significant part of a family's wealth.

Since they were intended for domestic use, tablecloths of this kind generally included motifs derived from mythology rather than from sacred themes. However, this type of cloth was frequently depicted in religious paintings such as Ghirlandaio's *Last Supper* (1480) **(pp 6 & 7)** as part of the background of domestic life.

Nell'Italia del Rinascimento il velluto era simbolo di autorevolezza, associato a personaggi di spicco e utilizzato in occasioni speciali, in particolare per le celebrazioni liturgiche. Spesso era rappresentato in raffigurazioni pittoriche di contenuto religioso, con la funzione di evidenziare la magnificenza e il significato simbolico dei temi trattati **(p 4)**. *In questo periodo storico non è ancora presente una decisa diversificazione tra stoffe destinate all'arredo e tessuti per abbigliamento. Il rilievo della superficie del velluto è ottenuto mediante differenti altezze dell'ordito di pelo che producono un diverso effetto cromatico. L'esemplare esposto presenta un tronco ondulato che da origine ad un'ogiva ed è avvolto da fiori e boccioli. Lo spessore, la qualità del velluto e la presenza di filato metallico dorato indicano che, con molta probabilità, questo velluto era un oggetto di lusso, estremamente costoso al momento della sua realizzazione. L'ampia dimensione del disegno rientra nella tipologia decorativa del tempo.*

Questo tessuto è esempio di un particolare tipo di stoffa destinata all'arredo domestico, in filato di lino, nota come 'perugina' e prodotta, oltre che a Perugia, anche a Lucca e in altre città toscane nel tardo XV secolo. Le fasce decorative blu sono realizzate a telaio. La biancheria per la casa, come lenzuola, federe e tovaglie, era molto costosa e rappresentava una parte importante del patrimonio di famiglia.

A causa del loro uso, prevalentemente domestico, queste tovaglie recavano motivi di natura laica, piuttosto che religiosa. Tale tipo di tessuto, tuttavia, ricorre anche in dipinti religiosi, quali L'ultima cena *del Ghirlandaio (1480)* **(pp 6 & 7)**, *come parte dello sfondo della scena di vita domestica.*

ILLUSTRATION 1

Pile on pile velvet, late 15th or early 16th century, Venice

Pile on pile velvet with brocaded wefts and bouclé
(Silk and gold metal thread)

Velluto alto basso, tardo XV o primo XVI secolo, Venezia

Velluto alto basso, broccato bouclé, ordito di fondo giallo, ordito di pelo rosso cremisi
(Seta, oro filato)
61 x 30 cm

ILLUSTRATION 2

Fragment of tablecloth, 15th century, Perugia

Twill and tabby weave, weft-patterned
(Linen and cotton)

Frammento di tovaglia, XV secolo, Perugia

Armatura in saia e tela (diamantina), opera ottenuta per effetto di trame lanciate
(Lino, cotone)
41 x 51 cm

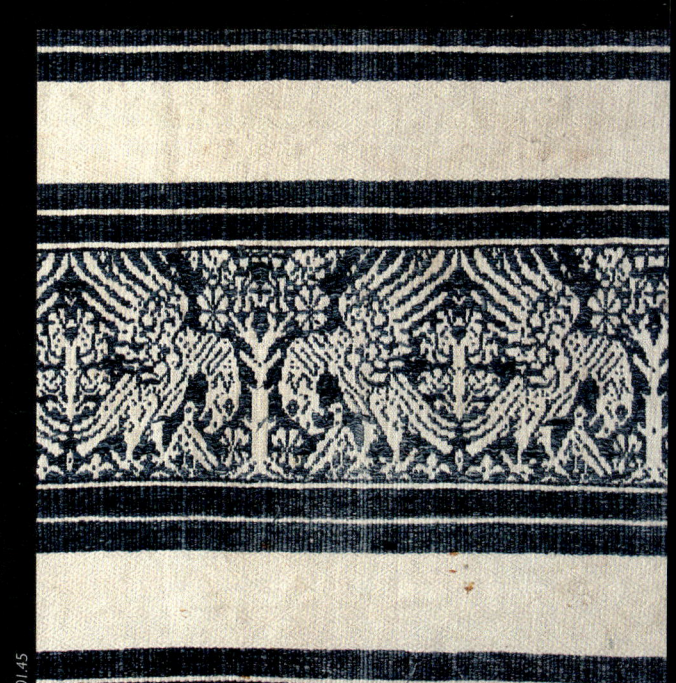

ILLUSTRATION 3

The pattern of *ciselè* velvets is formed by cut and uncut pile, with the cut pile being higher than the uncut. These are sometimes further embellished by the addition of metallic threads, as in this example, where gold threads have been woven into the ground. This *ciselè* velvet features a pomegranate motif in green and gold.

The pomegranate featured frequently in Italian textiles of this period. This was due partly to the influence of the East – the pomegranate is the Tree of Paradise in the Koran, and has long been cultivated in the Near East and in the eastern Mediterranean. It is highly symbolic in the Christian tradition too, representing God's bountiful love, marriage and fertility. It often featured on velvets used for church vestments.

Il velluto cesellato si ottiene combinando l'ordito di pelo tagliato con quello riccio; il pelo del primo è più alto del secondo. L'ordito di fondo, invece, è ulteriormente impreziosito, come in questo caso, dall'aggiunta di filato metallico lamellare che attraversa tutta superficie e produce un effetto laminato. Questo velluto cesellato presenta un motivo a melagrana in verde e oro.
Il motivo della melagrana ricorre con una certa frequenza nelle stoffe italiane di questo periodo. Ciò è dovuto, in parte, ad influssi orientali - il melograno è, nel Corano, l'albero del Paradiso ed è stato coltivato a lungo nel Vicino oriente e nel Mediterraneo orientale. Nella tradizione cristiana ha, inoltre, un alto valore simbolico, giacché rappresenta l'amore generoso di Dio, il matrimonio e la fertilità. Spesso, questo motivo ornamentale, compare nei velluti destinati alla confezione di paramenti liturgici.

ILLUSTRATION 4

A lampas is a fabric in which additional warps and wefts are added to the foundation weave in order to create extra areas of colour.

In the sixteenth century the pomegranate or thistle motifs, which had dominated earlier designs, were frequently replaced with smaller plant forms and stylised acanthus leaves, birds, branches, and buds. In addition these designs were frequently based on a vertical axis, as in this example, which has a strictly geometrical structure underlying the appearance of lush organic growth. Similar ideas were echoed in other forms of Italian applied art up to half a century later, and can be seen, for example, in the inlaid tabletop by Jacopo Autelli **(pp 18 & 19)**, which also features scrolling symmetrical forms and fantastical creatures.

Il lampasso è un'armatura complessa nella quale l'aggiunta di un ulteriore ordito e di trame supplementari concorrono alla creazione di disegni molto articolati con diverse campiture di colore.
Nel Cinquecento il motivo della melagrana o del fiore di cardo, dominante nelle prime tipologie decorative, viene progressivamente sostituito da motivi recanti piante di minori dimensioni, foglie di acanto stilizzate, uccelli, rami e gemme. Tali motivi, inoltre, si presentano a sviluppo verticale, come in questo esemplare, con una rigida struttura geometrica che mette in rilievo la ricchezza e la varietà della decorazione.
Tali raffigurazioni sono presenti in altre forme d'arte applicata, fino alla metà del secolo successivo. Ne è esempio il pregevole tavolo intarsiato di Jacopo Autelli **(pp 18 & 19)** *nel quale sono rappresentate forme simmetriche 'a candelabra' e animali fantastici.*

ILLUSTRATION 3
Ciselè velvet, mid 16th century, Florence
Ciselè velvet, lamé ground
(Silk and gold lamella)
Velluto cesellato, metà del XVI secolo, Firenze
Velluto cesellato, lanciato
(Seta, oro lamellare)
49.5 x 31 cm

ILLUSTRATION 4
Lampas, late 16th century, Italy
Lampas, satin weave ground weft-patterned,
tied-in twill weave
(Silk)
Lampasso, tardo XVI secolo, Italia
Lampasso lanciato, armatura di fondo in raso, opera ottenuta
per effetto di trame lanciate, legate in diagonale
(Seta)
55 x 53 cm

ILLUSTRATION 5

A *broccatello* is similar in structure to a lampas, and is characterised, in the classical version, by a satin weave in relief made by thrown wefts bound with a warp. The relief of the satin weave is achieved by the use of a linen weft in the ground, and the appropriate tension of warp and weft. The vertical layout of this textile perhaps indicates that it was intended for use in furnishing, for example as a border for a curtain. In the course of the sixteenth century 'grotesque' themes assumed a primary role in the decorative arts. The rediscovery of the values and ideas of the art of antiquity prompted artists of the Renaissance to reappropriate a classical language of images and symbols.

ILLUSTRATION 6

In the high Renaissance of the late sixteenth century tastes shifted towards motifs inspired by classical Greek and Roman mythology. This horizontal border was probably intended for furnishing and features two parallel bands, the lower consisting of scrolling acanthus leaves while the upper part features a pair of griffins facing each other. This example also illustrates the move away from the crimsons and dark blues, which were popular in the fifteenth century, towards the lighter golds, greens and pale blues, which became popular in the sixteenth.

The white line around the individual decorative elements is obtained thanks to the use of tempera. This allows a greater chromatic distance between the colour of the background and that of the design, and was used for textiles in the furnishing industry.

Il broccatello ha una struttura simile al lampasso ed è caratterizzato, nella sua versione classica, da un'armatura di raso in rilievo che costruisce la parte del disegno. Il rilievo dell'armatura raso è realizzato attraverso l'impiego di una trama di fondo in lino e da una particolare tensione fra trama e ordito. Lo schema verticale di questo tessuto fa pensare ad un probabile uso per rivestimento d'interni: si tratta forse del bordo di una tenda.

Nel corso del sedicesimo secolo il tema della 'grottesca' assume un ruolo primario nelle arti decorative. La riscoperta dei valori e delle idee dell'arte antica spinge gli artisti del Rinascimento ad una riappropriazione linguistica dell'iconografia e del simbolismo classico.

Verso la fine del XVI secolo, nel Rinascimento maturo, il gusto inizia ad orientarsi verso motivi d'ispirazione mitologica greca e romana. Questo bordo, con motivo a sviluppo orizzontale, era, con tutta probabilità, destinato all'arredo. In esso si osservano due fasce: in quella inferiore compaiono girali di foglie d'acanto; in quella superiore una coppia di fenici affrontate. Questo esemplare testimonia, inoltre, un allontanamento dalle tonalità cremisi e blu scuro, in voga nel XV secolo e un orientamento verso colori più chiari quali l'oro, il verde e l'azzurro, prediletti nel XVI secolo.

La linea bianca intorno ai singoli elementi decorativi è ottenuta con l'uso di tempera. Questo permette di avere un maggiore distacco cromatico tra il colore del fondo e quello del disegno, funzionale all'impiego del tessuto nel settore dell'arredamento.

ILLUSTRATION 5
Brocatelle, late 16th century, Tuscany
Brocatelle, figures in satin weave, weft-patterned and tied-in twill weave
(Silk and linen)

Broccatello, tardo XVI secolo, Toscana
Broccatello lanciato, opera in armatura raso, effetti di trame lanciate, legate in diagonale
(Seta, lino)
63.5 x 38 cm

ILLUSTRATION 6
Lampas, late 16th century, Florence
Lampas, satin weave ground, weft-patterned, tied in twill weave and painted
(Silk, linen, tempera)

Broccatello, tardo XVI secolo, Toscana
Lampasso lanciato, parzialmente dipinto, armatura di fondo in raso, opera ottenuta per effetto di trame lanciate, legate in armatura diagonale, ritocchi a tempera
(Seta, lino, tempera)
40 x 63 cm

ILLUSTRATION 7

A lampas is a figured textile in which the pattern is composed of supplementary warps and wefts added to the foundation weave. Additional warps or wefts are also used in the patterned areas to create extra colours and when not required are woven into the back of the cloth.

This rectangular fragment of border was probably used for furnishing. The design consists of two intertwined motifs: firstly a diagonal branch with at each end a grotesque head with tongues of fire; secondly a smaller branch twined through the first, which ends in a smaller grotesque head and a curved scrolling leaf. Birds of prey perch between the leaves and branches.

Il lampasso è un tessuto il cui motivo decorativo è ottenuto mediate un'aggiunta di trame e orditi supplementari rispetto all'armatura di base. Questi contribuiscono a realizzare il disegno sul dritto del tessuto.

Questo frammento di bordo rettangolare era con tutta probabilità destinato all'arredamento.

Il disegno è formato da due motivi intrecciati: il primo è costituito da un ramo orientato in direzione diagonale recante su ciascuna estremità un mascherone con lingue di fuoco, il secondo invece è costituito da un ramo di minori dimensioni, intrecciato al primo, alla cui estremità si osserva una testa a grottesca e una foglia ricurva. Tra le foglie e i rami sono appollaiati uccelli rapaci.

ILLUSTRATION 8

This example is typical of the large-scale, stately designs combining Gothic and Renaissance elements that were popular at this time. The pattern is formed by a frame in the Moorish style, filled in by small squares which frame a floral motif side by side with two heraldic lions with scales on their bodies.

The stylistic characteristics, the iconography and the choice of colours of this textile, as well as the particular emphasis of the interpretation, suggests that it is in the style of the Spanish monarchy of late sixteenth or early seventeenth century. Spanish and Italian silks from this period tend to be similar in appearance, since areas of Northern Italy (plus Sicily, Genoa and Naples) were under Spanish rule at various times.

Questo esemplare appartiene alla sontuosa tipologia decorativa a grandi dimensioni che combina elementi gotici e rinascimentali. I tessuti serici spagnoli e italiani di questo periodo appaiono spesso simili, dal momento che il Nord Italia (compresa la Sicilia, Genova e Napoli) subirono, a più riprese, la dominazione spagnola.

Il modulo è costituito da una cornice mistilinea, di gusto moresco, campita da quadrettature che inquadra un motivo floreale affiancato da due leoni con il corpo a squame, disposti in posa araldica.

Questo tessuto, per le caratteristiche stilistiche, iconografiche e per la scelta dell'accostamento cromatico, interpreta con una certa enfasi, un gusto per la regalità conforme allo stile delle monarchie spagnole della fine del Cinquecento e dell'inizio del secolo successivo.

ILLUSTRATION 7
Lampas, late 16th century, Florence
Lampas, satin weave ground, weft-patterned, tied-in twill weave
(Silk, linen)
Lampasso, tardo XVI secolo, Firenze
Lampasso lanciato, armatura di fondo in raso, opera ottenuta per effetto di trame lanciate, legate in diagonale
(Seta, lino)
30.5 x 66.5 cm

ILLUSTRATION 8
Lampas, late 16th century, Spain
Lampas, satin weave ground, weft-patterned, tied-in twill weave
(Silk, linen)
Lampasso, tardo XVI secolo, Spagna
Lampasso lanciato, armatura di fondo in raso, opera ottenuta per effetto di trame lanciate, legate in diagonale
(Seta, lino)
108 x 56 cm

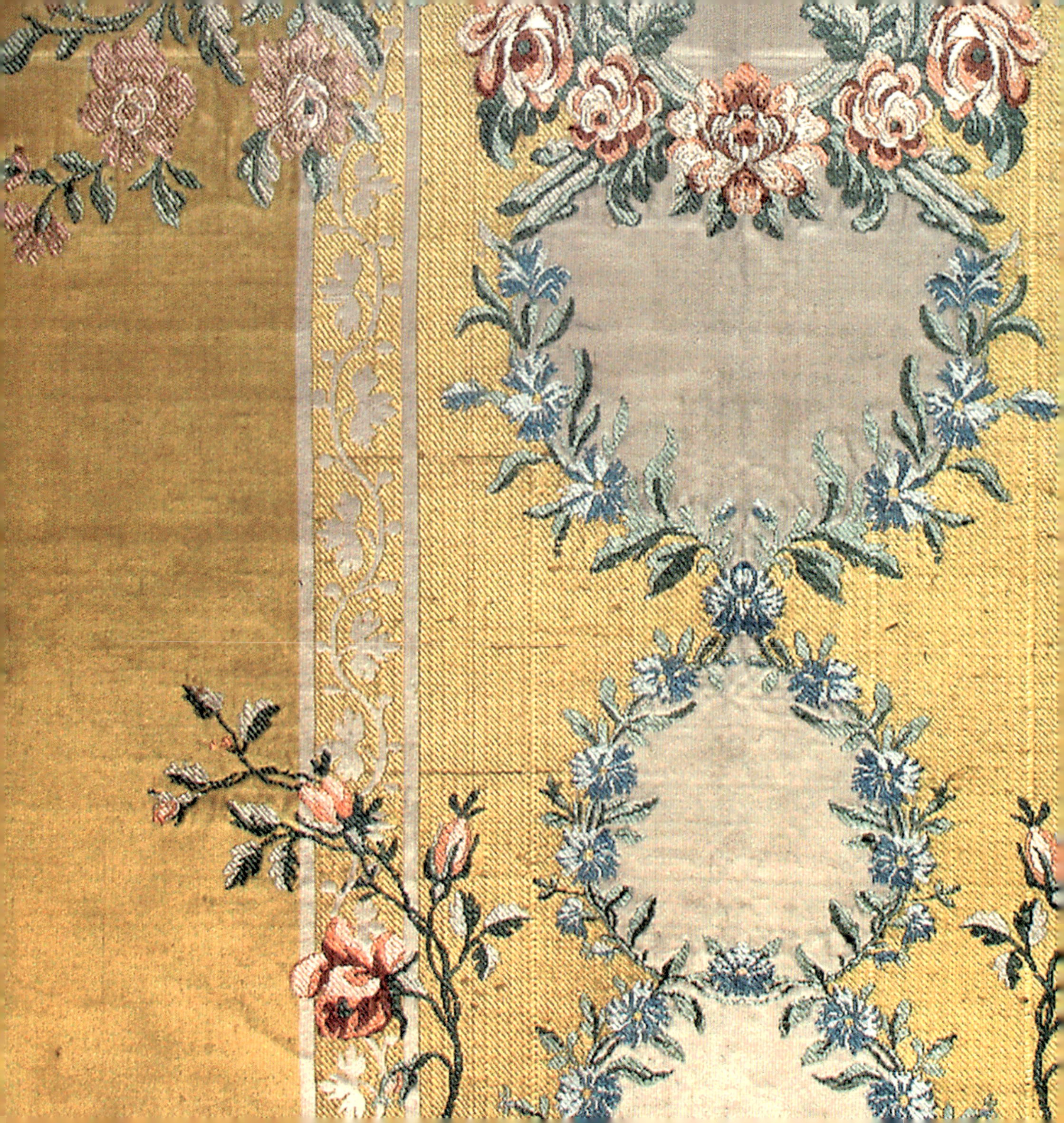

european excellence
1600 - 1800

ILLUSTRATION 9

This embroidered textile represents the beginning of designs known as *maglia mistlinea*, (an ogival network pattern of curvilinear branches) with a central shoot of flowers and foliage. The design is composed of two alternating decorative elements.

The feature of this type of embroidery is the fact that twisted threads of different sizes are used to obtain an effect of varying luminosity for each part of the design. The embroidery resumes a decorative form appropriate to the production of textiles in this period, and achieves symmetry with great technical precision. The textile was, in all probability, intended for coverings for loose furnishings, which we can also assume from the scale of the design which is intended to be examined closely.

ILLUSTRATION 10

Damasks have a flat, reversible design achieved by combining warp-faced and weft-faced satin weaves usually, as here, in a single colour. The name is derived from the city of Damascus, an important point on the trade routes between China and the West.

The seventeenth-century fashion for hanging walls with lengths of silk encouraged large scale patterns incorporating pomegranates, palmettes, lotus flowers, artichokes, crowns and sinuous meanders. The development of commercial contacts with the Orient (through, for example the East India Company) led to the inclusion of new motifs in textile design. Here the traditional grid pattern is constructed of lance-shaped leaves which interpret the Indian motif known as the 'butah', which in Europe developed into the 'pine', 'palme', or 'paisley' pattern. This example is typical of Tuscany, and might have been used for furnishing or for church vestments.

Il tessuto, decorato mediante la tecnica del ricamo, presenta un'impostazione del disegno a maglia mistilinea con al centro un tralcio di fiori e foglie. Il modulo, prevede due registri decorativi alternati.

La particolarità di questa tipologia di ricamo consiste nel fatto che sono impiegati filati con torsioni e grandezze diversi, per ottenere effetti di luminosità differenti per ciascuna delle parti del disegno. Il ricamo riprende un modulo decorativo proprio delle produzioni tessili di questo periodo e ne replica la simmetria con grande precisione tecnica. La destinazione del tessuto è, con tutta probabilità, finalizzata al rivestimento di arredi mobili, elemento deducibile anche dalla grandezza del modulo che è pensata per una visione ravvicinata del tessuto.

I damaschi presentano motivi decorativi leggibili sul dritto e sul rovescio. Tale effetto è ottenuto, solitamente, alternando l'armatura raso sul dritto (faccia ordito) e sul rovescio (faccia trama) oppure combinando l'armatura raso con la tela e i suoi derivati. Il nome deriva dalla città di Damasco, un centro importante nelle rotte commerciali tra la Cina e l'Occidente. L'uso di rivestire le pareti con drappi di seta, in voga nel XVII secolo, incoraggiò la produzione di tessuti con motivi di grandi dimensioni, a sviluppo assiale o a griglia di maglie con al centro melagrane, palmette, fiori di loto, carciofi o corone. L'intensificarsi dei rapporti commerciali con l'Oriente (per esempio attraverso l'attività della Compagnia delle Indie orientali) determinò l'ingresso, nel design tessile, di nuovi motivi. In questo esemplare toscano, probabilmente destinato ad un uso liturgico, il modulo a griglia di maglie è formato da foglie lanceolate che interpretano il motivo indiano noto come 'butah', tradotto in Europa nei disegni del 'pino', della 'palma' o della foglia 'cachemire'.

ILLUSTRATION 9

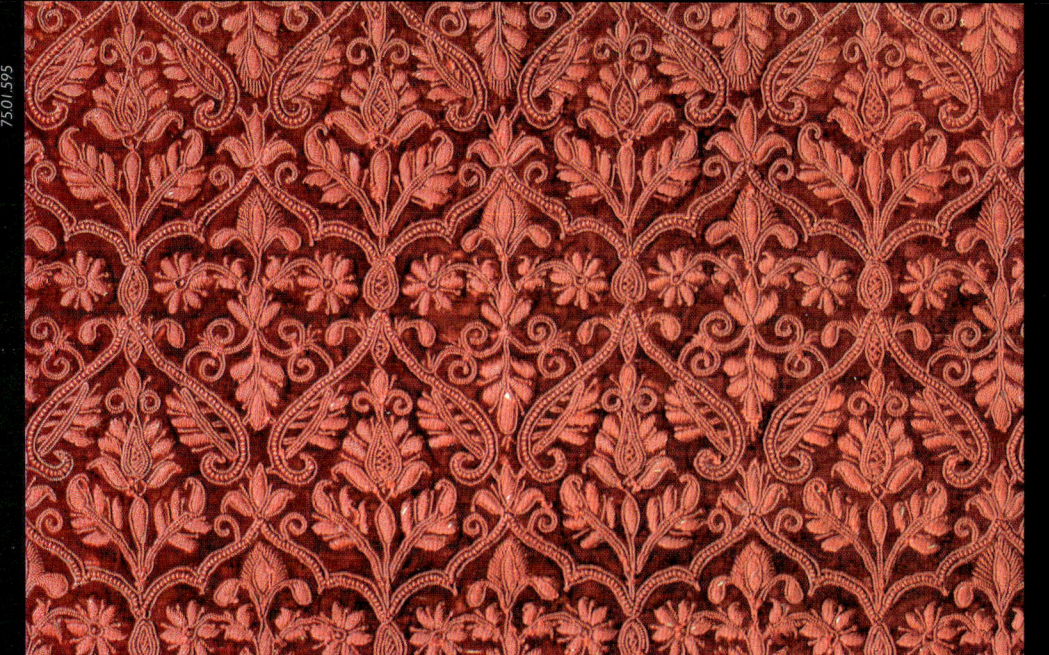

Embroidery, early 17th century, Italy
Cut velvet embroidered with small twisted cord, laid stitch, slit stitch
(Silk)

Tessuto ricamato, primo XVII secolo, Italia
Velluto tagliato unito, ricamato con filati di diverse grandezze e torsioni, punto posato, punto passato su imbottitura di lino
(Seta)
36 x 49.5 cm

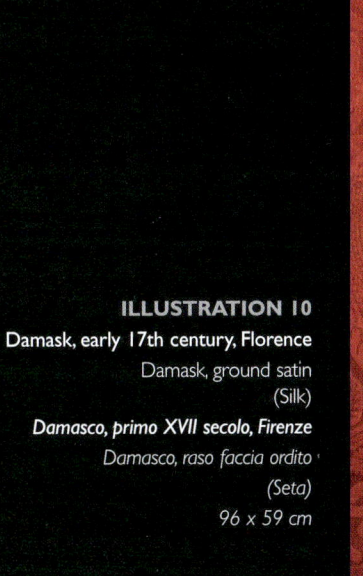

ILLUSTRATION 10

Damask, early 17th century, Florence
Damask, ground satin
(Silk)

Damasco, primo XVII secolo, Firenze
Damasco, raso faccia ordito
(Seta)
96 x 59 cm

ILLUSTRATION 11

This textile presents a development of the pattern in a vertical direction. The external borders frame floral motifs which consist of alternate roses and carnations. The flowers are depicted according to a naturalistic spirit, which is common in many of the applied arts of this period. The accurate depiction of the flowers is explained by the diffusion of botanical prints which recorded the arrival in Europe of new botanical species imported from the Orient.

The design of this textile suggests that it was used in architectural furnishings or as a covering. By the end of the seventeenth century the use of textiles for domestic furnishing was becoming more widespread, an indication of the fact that they were more affordable, relatively speaking, than they had been in previous centuries.

ILLUSTRATION 12

The seventeenth century signalled a decisive halt in the difference between textiles produced for furnishing and those intended for clothing. Already at the end of the sixteenth century the fashion in European courts was for clothing with increasingly complex tailoring, for which the large-scale patterns were difficult to use.

The widespread use of small patterns for clothing was in contrast to the success of large-scale motifs for textiles intended both as architectural furnishing and for the church. These were intended to support, on the one hand the ornamental redundancy of seventeenth-century houses, and on the other hand the need for solemnity and richness demanded by the Church for liturgical celebration.

Il tessuto presenta uno sviluppo del modulo in direzione verticale. La cornice esterna inscrive motivi floreali che alternano rose a garofani. I fiori sono descritti secondo uno spirito naturalistico che è comune a molte arti applicate di questo periodo. La descrizione accurata dei fiori si spiega con il diffondersi delle stampe a tema floreale (tavole botaniche) che documentano il sopraggiungere, in Europa, di nuove specie botaniche importate dall'Oriente, grazie alle attività commerciali della Compagnia delle Indie.

L'impostazione del disegno di questo tessuto fa pensare ad un impiego nell'arredo architettonico o come complemento di un arredo destinato al rivestimento. L'impiego di tessuti per interni domestici cominciò ad affermarsi già dalla fine del XVII secolo, segno questo del fatto che le stoffe erano relativamente più accessibili dal punto di vista economico rispetto ai secoli precedenti.

Il Seicento segna una tappa decisiva nella differenziazione tra produzione tessile destinata all'arredo e quella per abbigliamento. Già alla fine del Cinquecento la moda, nelle corti europee, inizia ad imporre tagli sartoriali dalle fogge complesse, per le quali l'uso di moduli di grandi dimensioni risulta di difficile impiego. Al diffondersi dei motivi a piccoli moduli nell'abbigliamento fa da contrappunto l'affermarsi, nell'arredo architettonico e in quello liturgico, di motivi decorativi a grandi rapporti di tessitura destinati ad assecondare, da un lato la ridondanza ornamentale delle dimore seicentesche, dall'altro il bisogno di solennità e di ricchezza che la Chiesa esige nella celebrazione liturgica.

ILLUSTRATION 11
Lampas, late 17th century, Italy
Lampas, weft-patterned, tied-in twill weave and brocaded
(Silk, gold lamella)

Lampasso, tardo XVII secolo, Italia
Lampasso lanciato, broccato, armatura di fondo in raso, opera ottenuta per effetto di trame lanciate, legate in diagonale e broccate
(Seta, oro lamellare)
75 x 27 cm

ILLUSTRATION 12
Embroidery, late 17th century, Italy
Canvas, petit-point
(Linen, silk)

Tessuto ricamato, tardo XVII secolo, Italia
Canovaccio ricamato, piccolo punto
(Lino, seta)
34.5 x 27.5 cm

ILLUSTRATION 13

By the end of the seventeenth century the focus of the European textile industry had shifted to France. French manufacturers produced textiles of high technical and decorative quality, ensuring commercial success on the international market. The style known as 'a pizzo' (lace-like) is particularly noteworthy. In this example the design develops along a central axis consisting of clusters of leaves, exotic fruit and flowers, and is flanked by frames composed of thick interweaving floral motifs and lace. There is a strong symmetrical feel, with a central vertical axis and a secondary serpentine flow. The development of commercial contacts with India at this time led to the inclusion of newly discovered plant species in textile designs. The central area, for example, contains a large motif of exotic flowers (peonies, dahlias and round fruit) which are contained by an ornamental band of smaller flowers.

ILLUSTRATION 14

The technical complexity and the novelty of the design of this example make it a true masterpiece. The combination of architectural elements and natural motifs with the elaborate perspective view, strongly recall contemporary paintings, which also favoured this type of subject.
The design is arranged in horizontal groups and combines architectural views of tunnels and porticoes with ornamental and floral elements. In the upper band we see a portico on three storeys with columns and balustrades next to a row of tall, leafy trees arranged according to the laws of perspective, as indicated by the presence of a fountain in the centre.
The theme and the structure of the textile suggest that the fabric was intended for furnishing.

A partire dalla fine del XVII secolo la Francia diventa il maggiore centro manifatturiero tessile europeo. Le manifatture francesi si assicurano il successo commerciale sui mercati internazionali grazie alla produzione di tessili di alta qualità tecnica e decorativa. Merita una particolare attenzione lo stile noto come 'a pizzo'. In questo esemplare il modulo presenta uno sviluppo assiale centrale, costituito da gruppi di foglie, frutti e fiori esotici, affiancati da cornici che si snodano in un fitto intreccio di motivi floreali e di trine. L'asse centrale verticale e un tralcio serpeggiante secondario trasmettono un forte senso di simmetria. L'intensificarsi delle relazioni commerciali con l'India determinò, in questo periodo, l'introduzione nel disegno tessile di specie botaniche recentemente scoperte. La parte centrale, per esempio, racchiude un ampio motivo di fiori esotici (peonie, dalie e frutti ovali), contenuto da una fascia ornamentale di fiori di minori dimensioni.

La complessità tecnica di questo esemplare e la novità del modulo disegnativo ne fanno un vero e proprio capolavoro tessile. La combinazione di elementi architettonici e motivi vegetali, l'articolata veduta prospettica creano un forte richiamo alla pittura coeva che predilige questo tipo di soggetto.
Il disegno, distribuito per partiture orizzontali, combina vedute architettoniche di gallerie e porticati associati ad elementi vegetali e ornamentali. Nella fascia superiore si osserva un porticato a tre ordini con colonne e balaustri, affiancati da filari di alberi alti e frondosi, disposti secondo la fuga prospettica indicata dalla presenza centrale di una fontana.
Il tema e la struttura tessile si prestano ad impiego della stoffa nell'ambito dell'arredo e del rivestimento di mobili.

ILLUSTRATION 13
Lampas, early 18th century, France
Lampas, weft-patterned, tied-in twill weave and brocaded
(Silk, silver metal threads)
Lampasso, primo XVIII secolo, Francia
Lampasso lanciato, broccato, armatura di fondo in raso, opera ottenuta per effetto di trame lanciate, legate in diagonale e broccate

Seta, argento filato

46 x 55 cm

ILLUSTRATION 14
Lampas, late 17th or early 18th century, France
Lampas, weft-patterned, tied-in twill weave and brocaded
(Silk, gold and silver metal threads)
Lampasso, tardo XVII secolo o primo XVIII secolo, Francia
Lampasso lanciato, broccato, armatura di fondo in raso, opera ottenuta per effetto di trame lanciate, legate in diagonale e broccate

(Seta, argento filato, oro filato)

82 x 55.5 cm

ILLUSTRATION 15

'Gros de Tours' is a strong heavy taffeta with a double weft and an interesting raised or ribbed surface texture. It was initially developed in the French town of Tours, but soon copied by other weaving centres. This design is an example of the eighteenth-century 'a meandro' or 'meandering' structure. A sinuous branch with a strong vertical movement enfolds in its bends the view of a small classical temple with balconies, flanked by exotic-looking trees. The lamella (metal thread) weft used at the base of the row of trees creates the effect of water, giving the scene a naturalistic appearance.

This example is brocaded with silver, meaning that additional wefts of metal threads were inserted during the weaving process to embellish the design.

Il Gros de Tours è una variante dell'armatura tela, con una trama doppia e una particolare consistenza di superficie a rilievo o cordonata. Creato inizialmente nella città francese di Tours, venne subito imitato in altri centri tessili.

Questo modulo è un esempio della struttura settecentesca 'a meandro' o 'serpeggiante'. Un lungo ramo ondulato a sviluppo verticale ospita, all'interno delle anse, un tempietto classico con balconi affiancati da alberi dall'aspetto esotico. La trama lamellare (filato di metallo) impiegata alla base del filare di alberi crea un effetto acqua che conferisce alla scena un aspetto naturalistico.

Il fatto che questo esemplare sia broccato in argento e oro indica che durante la tessitura sono stati inserite trame supplementari per impreziosirne il disegno.

ILLUSTRATION 16

The late eighteenth century was a period of almost unprecedented experimentation by French textile weavers, eager to develop new effects and colour combinations. The availability of cheaper yarns and developments in fabric construction meant that the cost of cloth was reducing. Consequently, a larger proportion of the population could afford a greater number of fabrics for both furnishing and clothing. However, this example is of an extremely expensive fabric, by the highly regarded designer Phillipe de Lasalle (1723-1804). He was commissioned to design furnishing fabrics for, among others, Catherine the Great and Marie Antoinette. The doves in the centre of the medallion are painted with tempera and are encircled by garlands of flowers (roses, carnations, narcissi and peonies).

Il tardo XVIII secolo si distingue come un periodo di pressoché inedita sperimentazione da parte dei tessitori francesi, desiderosi di creare effetti e combinazioni cromatiche nuovi. La disponibilità di filati più economici e le innovazioni nella produzione tessile determinano una riduzione del costo della stoffa. Di conseguenza, fasce più ampie di popolazione hanno accesso all'acquisto di tessuti sia per l'arredo sia per l'abbigliamento. Questo esemplare, tuttavia, è un tessuto estremamente prezioso, creazione dell'accreditato stilista Phillipe de Lasalle (1723-1804). Egli ricevette prestigiose commissioni per stoffe da rivestimento da parte di Caterina la Grande e Maria Antonietta, solo per citare alcuni nomi. Le colombe al centro del medaglione sono disegnate a matita e rifinite a tempera mentre il medaglione è cinto da ghirlande di fiori (rose, garofani, narcisi e peonie).

ILLUSTRATION 15

Brocaded Gros de Tours, late 18th century, France
Gros de Tours liserè, brocaded
(Silk, silver lamella, gold metal threads)

Broccato 'Gros de Tours', tardo XVIII secolo, Francia
Gros de Tours liserè, broccato
(Seta, argento lamellare, oro filato)

92 x 55 cm

81.01.37

81.01.22

ILLUSTRATION 16

Brocaded and painted satin, late 18th century, France
Striped satin, brocaded, drawn, painted
(Silk, charcoal, tempera)

Raso broccato e dipinto, tardo XVIII secolo, Francia
Raso rigato, broccato, parzialmente disegnato e dipinto
(Seta, carboncino, tempera)

96 x 60.5 cm

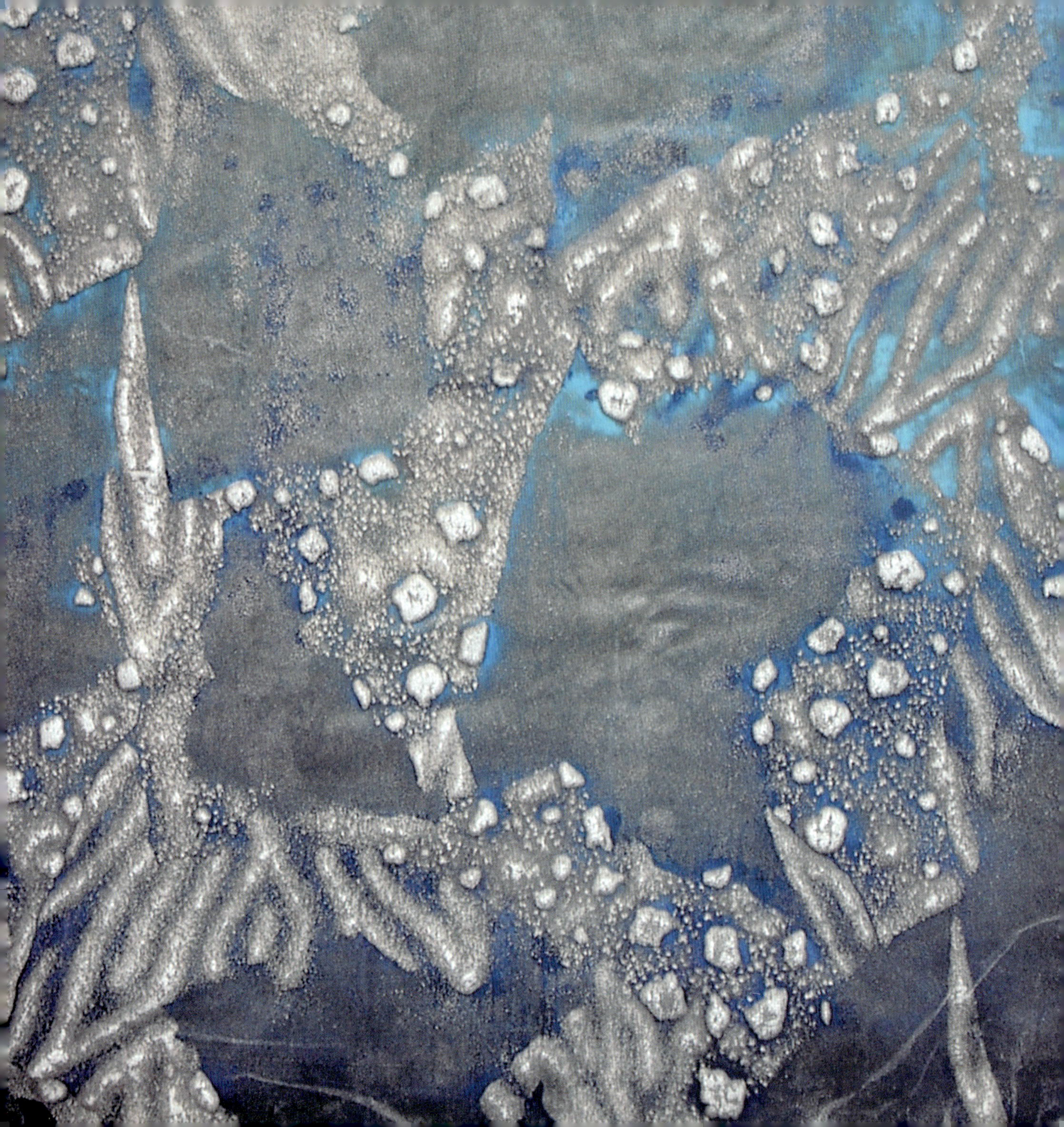

the m

ILLUSTRATION 17

A lampas is a fabric in which additional warps and wefts are added to the foundation weave in order to create extra areas of colour. This example is 'lanciato' or 'lancè' meaning that the gold threads included as embellishment extend across the width of the fabric and, when not required, are woven into the back of the cloth. This is a more expensive technique than brocading, also used here because much gold thread is included but never seen on the surface of the textile.

This design is derived from Renaissance motifs. At this time the Renaissance was seen as the most important historical period in terms of the art and culture of Italy. This textile consists of an ogee structure containing a thistle flower, both elements from the decorative repertoire of the 1400s and 1500s.

ILLUSTRATION 18

This textile, and 17, were woven on a Jacquard loom. The Jacquard loom revolutionised textile production, since it operated by a series of punched cards (rather like the roller on a player piano) which gave instructions to the machine on how to create the design. Consequently, fewer workers were needed to operate the looms (previously a 'draw-boy' had been employed to manipulate the warps in order to achieve the pattern) and more complex designs could be created. The inventor of the computer, Charles Babbage, was extremely interested in the Jacquard loom, and later adapted the punched card system to create the forerunner of the mainframe computer. The design of this textile is full of religious symbolism, depicting an ear of wheat and grapes, both themes of the Church eucharist.

Il lampasso è un tessuto caratterizzato dalla presenza di un numero maggiore di aree cromatiche create tramite l'aggiunta di orditi e trame all'armatura di base. Questo esemplare è denominato 'lanciato' o 'lancè' poiché i filati d'oro, aggiunti per impreziosirlo, si estendono lungo tutta la larghezza della stoffa. Le trame lanciate che lavorano sul dritto del tessuto, rimangono non visibili sul rovescio.

Il disegno deriva da modelli rinascimentali. In questo periodo il Rinascimento era considerato, in Italia, l'epoca storica più importante dal punto di vista artistico e culturale. Questo tessuto è caratterizzato da una struttura ogivale che racchiude al centro un fiore di cardo, elementi propri del repertorio decorativo dei tessuti italiani 1400 e 1500.

Questo esemplare di stoffa, assieme al 17, è tessuto su un telaio Jacquard. Il telaio Jacquard rivoluzionò la produzione tessile, poiché funzionava tramite una serie di schede perforate (quasi come il rullo della pianola) che trasmettevano alla macchina le istruzioni per creare il disegno. Questo sistema portò ad una diminuzione di manodopera addetta al funzionamento al telaio (in precedenza veniva impiegato un ragazzo per manovrare gli orditi e quindi realizzare il motivo) e alla creazione di disegni più complessi.

L'inventore del computer, Charles Babbage, ha studiato a lungo il sistema operativo del telaio Jacquard. Egli, infatti, creò l'antenato del mainframe computer adottando il sistema delle schede perforate.

Il disegno di questo tessuto è carico di simbolismo religioso, evidente nella raffigurazione naturalistica della spiga e dell'uva, temi propri della liturgia eucaristia cristiana.

ILLUSTRATION 17
Brocaded lampas *lancè*, late 19th century, Italy
Lampas, weft-patterned, tied-in twill weave and brocaded
(Silk, cotton, gold and silver metal threads)
***Lampasso broccato* lancè**, *tardo XIX secolo, Italia*
Lampasso lanciato, broccato, armatura di fondo in raso, opera ottenuta per effetto di trame lanciate, legate in diagonale e broccate
(Seta, cotone, oro filato, argento ritorto)
59.5 x 55 cm

ILLUSTRATION 18
Lampas *lancè*, late 19th century, Italy
Lampas, weft-patterned, tied-in twill weave
(Silk, cotton, gold metal threads)
***Lampasso* lancè**, *tardo XIX secolo, Italia*
Lampasso lanciato, opera ottenuta per effetto di trame lanciate, legate in diagonale
(Seta, cotone, oro filato)
65 x 51 cm

ILLUSTRATION 19

Gio Ponti (1891-1979) is revered in Italy as a leading figure of twentieth-century architecture and design. His designs for furniture - such as the 1957 'Superleggera' chair - epitomise Italian style. Gio Ponti represents the Italy of enormous economic growth and confidence, driven by the success of firms such as Fiat, Pirelli and Olivetti. The iconic Pirelli Tower in Milan was a symbol of Italy's new economic and cultural success in the late 1950s. His designs are smart, forward-looking and modern, and they celebrate above all the achievements of the machine age. This textile, entitled *Peace Among the Animals*, features lions, lambs and doves, and was intended as a furnishing fabric.

ILLUSTRATION 20

In contrast to Gio Ponti, Mariano Fortuny (1871-1949) was interested in a different kind of 'Italian' style, looking to textiles of the Italian Renaissance for his inspiration. He amassed a large personal collection of historic textiles from Europe and elsewhere to use as the basis of his designs. His textiles are not inspired by a machine aesthetic but instead are hand-printed, and often also over-printed or hand-touched.

Fortuny was very interested in the potential of different printing techniques, including the use of paper and metal stencils. He developed new methods for printing on to linen, wool and silk, in order to create sumptuous effects similar to those that had previously been achieved through weaving.

Gio Ponti (1891-1979) è considerato, in Italia, una delle maggiori figure dell'architettura e del design del XX secolo. I suoi progetti per interni - quali la sedia 'superleggera' del 1957 – identificano lo stile italiano. Le creazioni di Gio Ponti sono simbolo della crescita economica e delle aspettative di successo del dopoguerra italiano, incarnate anche da aziende come la Fiat, la Pirelli e l'Olivetti. Il grattacielo Pirelli a Milano, per esempio, rappresenta l'icona della nuova economia e della crescita produttiva della fine degli anni Cinquanta. I suoi progetti sono eleganti, lungimiranti, moderni e celebrano i successi della crescita dell'industria. Questo tessuto, intitolato Pace tra gli animali, *raffigura leoni, agnelli e colombe e la sua finalità è legata all'arredamento.*

Mariano Fortuny (1871 – 1949), al contrario di Gio Ponti e interessato ad un altro genere di stile, attinge la propria ispirazione dal Rinascimento italiano. Egli studia approfonditamente la tradizione tessile europea grazie alla sua ricca collezione di frammenti antichi. I suoi tessuti, quindi, dimostrano una ricerca estetica fondata su un approccio artigianale piuttosto che industriale. Fortuny, infatti, utilizza prevalentemente processi e tecniche artigianali.

Fortuny è interessato alle potenzialità delle diverse tecniche di stampa, compresa quella a matrici, sia su tessuto che su carta. Realizza, inoltre, nuovi processi di stampa su lino, lana e seta con l'intento di ottenere gli stessi effetti di preziosità creati dai sistemi di tessitura tradizionali.

ILLUSTRATION 19

Gros de Tours *lancè*,
designed by Gio Ponti, circa 1930,
Seterie Vittorio Ferrari – Milano

Gros de Tours, weft-patterned
(Silk)

Gros de Tours lancè, *articolo 'Pace tra gli animali', creazione di Gio Ponti,*
1930 circa, Seterie Vittorio Ferrari – Milano

Gros de Tours lanciato
(Seta)
48.5 x 114 cm

ILLUSTRATION 20
Printed cotton twill 'Cimarosa', designed by
Mariano Fortuny, circa 1940, Venice

Printed cotton twill
(Cotton)

Diagonale di cotone stampata, articolo 'Cimarosa',
creazione di Mariano Fortuny, 1940 circa, Venezia

Diagonale stampato
(Cotone)
1030 x 1430 cm

ILLUSTRATION 22

This is an example of a silk chenille brocade on a figured ground of cloth of gold. It was commissioned by the fashion house Fendi as a fabric for handbags, and was woven by the Lisio Foundation in Florence. The Lisio Foundation specialises in high quality weaving using traditional techniques, and produces both historic Italian fabric designs as well as special commissions for the fashion industry. This fabric was woven on a custom-made loom, and the finished handbags featured buckles made of real gold. They were part of Fendi's Autumn-Winter collection of 2000-2001, costing around 20,000 dollars each.

Questo tessuto è broccato in ciniglia di seta su fondo operato in oro. È stato commissionato dalla Casa di moda Fendi per la confezione di un'edizione limitata di borsette ed eseguito dalla Fondazione Lisio di Firenze mediante un processo di tessitura manuale.
La Fondazione Lisio è specializzata in produzioni tessili di alta qualità, ottenute attraverso l'impiego di tecniche tradizionali. Il design di questi tessuti segue la tradizione ma è attento anche alle novità suggerite dalla moda.
La stoffa è stata realizzata su un telaio appositamente preparato. Per quanto riguarda la confezione, le borsette sono dotate di accessori e fibbie in oro puro e fanno parte della collezione Fendi autunno-inverno 2001-2002. Al momento dell'uscita della collezione il costo a capo si aggirava intorno ai 20,000 dollari.

ILLUSTRATION 23

The Lisio Foundation is committed to ensuring the survival of traditional specialist weaving techniques. The use of feathers is frequently mentioned in nineteenth-century sources, but it is difficult to know exactly how they were used. In recent years, Lisio have been developing the technique of weaving fabrics that combine a silk warp with ostrich and peacock feathers in the weft. Feathers are substituted for weft brocade silks, and offer the possibility of creating very subtle shading effects.
This fabric uses feathers in the weft and also incorporates whole feathers to embellish the design of birds. It was commissioned by Fendi for its 'Baguette' handbags, for Autumn-Winter 2001-2002.

L'obbiettivo della Fondazione Lisio è quello di tramandare un sapere, nel settore tessile, che permetta di far sopravvivere le tecniche tradizionali di tessitura.
L'uso di piume inserite durante la fase di tessitura di una stoffa è documentato in molte culture extraeuropee, specialmente in quelle del Centro e Sud America. L'ammirazione per queste stoffe originali tocca l'Europa già nel XVI secolo ma diventa un tema legato alla moda femminile nel corso del Settecento.
Negli ultimi anni la Fondazione Lisio si è impegnata nella progettazione di stoffe preziose che prevedono l'inserimento di questo particolare materiale. Le piume, generalmente, vengono tessute insieme alle trame con un risultato di grande raffinatezza.
La stoffa è stata commissionata da Fendi per la collezione autunno-inverno 2001-2002 delle borsette 'Baguette'.

ILLUSTRATION 21
Printed cotton twill, designed by Mariano Fortuny, circa 1940, Venice *(p 28)*
Printed cotton twill
(Cotton)

Diagonale di cotone stampata, creazione di Mariano Fortuny, 1940 circa, Venezia (p 28)
Diagonale stampato
(Cotone)
2600 x 710 cm
(04.02.01)

ILLUSTRATION 22
Silk chenille brocade 'Fall in Fall', woven by Lisio for Fendi, 2000 - 2001
Lampas, Gros de Tours weave ground, liserè, brocaded, embroidered
(Silk, gold metal threads, chenille)

Broccato in ciniglia di seta 'Fall in Fall', produzione Fondazione Lisio per Fendi, 2001-2002
Lampasso liserè, broccato, ricamato, armatura di fondo in Gros de Tours
(Seta, oro filato, ciniglia)
28 x 28 cm

ILLUSTRATION 23
Fabric with feathers, Lisio Company, 2001-2002
Lampa, weft-patterned, brocaded, liserè
(Silk, silk chenille, ostrich and peacock feathers)

Tessuto con piume, produzione Fondazione Lisio, 2001-2002
Lampasso lanciato e broccato, liserè
(Seta, ciniglia di seta, piume di struzzo e di pavone)
28 x 28 cm

ILLUSTRATION 24
Velvet for Valentino, Lisio Company, 1999-2000 *(not illustrated)*
Cut velvet
(Silk)

Velluto per Valentino, produzione Fondazione Lisio, 1999-2000 (non illustrato)
Velluto tagliato
(Seta)
64 x 73 cm
(Fondazione Lisio, Firenze)

ILLUSTRATION 25

This artist has been engaged in textile design for many years, and has chosen textiles as a means of communication, to express her own creativity. In her works the operative moment precedes that of interpretation. They are born of emotional impulses which, with a *crescendo*, translate themselves into colour and form. The artist reveals, through the 'culture of making', her own interior world.

Cratere (Craters) is a work which evokes the element of earth in its primitive state. Hot, earthy tones are spread on a beige background like rocks in a desert landscape.

Silk-screen printing is carried out by hand on jersey textiles in silk organzine. The printing technique works by building up progressive colours to achieve the effect, until the last phase which uses gold pigment to produce an effect known as *Mecca*. This technique was used in the past for the gilding of carved wooden objects.

Questa artista, da anni impegnata nel settore del design tessile, ha scelto il tessuto come strumento di comunicazione privilegiato per esprimere la propria creatività. Il momento operativo precede, nelle sue creazioni, quello interpretativo e le sue opere nascono da un impulso emotivo che, come in un crescendo, si traduce in colori e forme. L'artista rivela, attraverso la 'cultura del fare', il proprio mondo interiore.

Cratere è un'opera che evoca l'elemento terra al suo stadio primitivo: su un colore beige di partenza si distendono tonalità calde, terrose che s'imbattono su superfici a rilievo concepite come rocce di un paesaggio desertico.

Stampa serigrafica eseguita a mano su tessuto a maglia in organzino di seta. La tecnica di stampa procede per stesure progressive di colore effettuate a caldo, fino all'ultima fase che prevede l'uso di pigmenti dorati che producono un effetto simile all'antica tecnica di doratura definita mecca. Tale tecnica era in passato utilizzata per la doratura di oggetti lignei intagliati.

ILLUSTRATION 26

Galassia (Galaxies) is a work which evokes the element 'air'. The colour is carefully mixed in tones of turquoise, dark blue and light blue, recalling the depths of space, and interrupted by dense clots of matter which punctutate the surface like celestial bodies. The irridescent effect of the material is achieved through a series of stages of dyeing on a white fabric. The design is obtained by means of silk-screen printing. The last phase of the work is the use of metallic pigments distributed randomly on the velvety surface of the textile, to achieve the *Mecca* effect.

Galassia è un'opera che evoca la dimensione 'aria'. Il colore, mescolandosi sapientemente nelle tonalità del turchese, blu, azzurro richiama le profondità dello spazio, interrotte da densi grumi di materia che punteggiano, come corpi celesti, la superficie.

L'effetto cangiante della stoffa è realizzato tramite progressive tinture a caldo (turchese e blu inchiostro) su un tessuto a maglia di colore bianco. Il disegno è ottenuto mediante stampa serigrafica. La fase conclusiva dell'opera prevede l'uso di pigmenti metallici con effetto mecca. I pigmenti metallici sono distribuiti sulla superficie vellutata del tessuto con densità diverse.

ILLUSTRATION 25
Silk-screen printed fabric, 'Cratere',
designed by Lietta Cavalli, 2001
Jersey fabric in silk organzine,
colours with metal pigments

Tessuto a stampa serigrafica,
'Cratere', creazione di Lietta Cavalli,
2001
Tessuto a maglia in organzino di seta,
colori con pigmenti metallici
204 x 102 cm

ILLUSTRATION 26
Silk-screen printed fabric 'Galassia'
designed by Lietta Cavalli, 2003
Jersey fabric in mixed fibres with velvet
effect, colours with metal pigments

Tessuto a stampa serigrafica 'Galassia',
creazione di Lietta Cavalli, 2003
Tessuto a maglia in fibra mista con effetto
velluto, colori con pigmenti metallici
157 x 137 cm

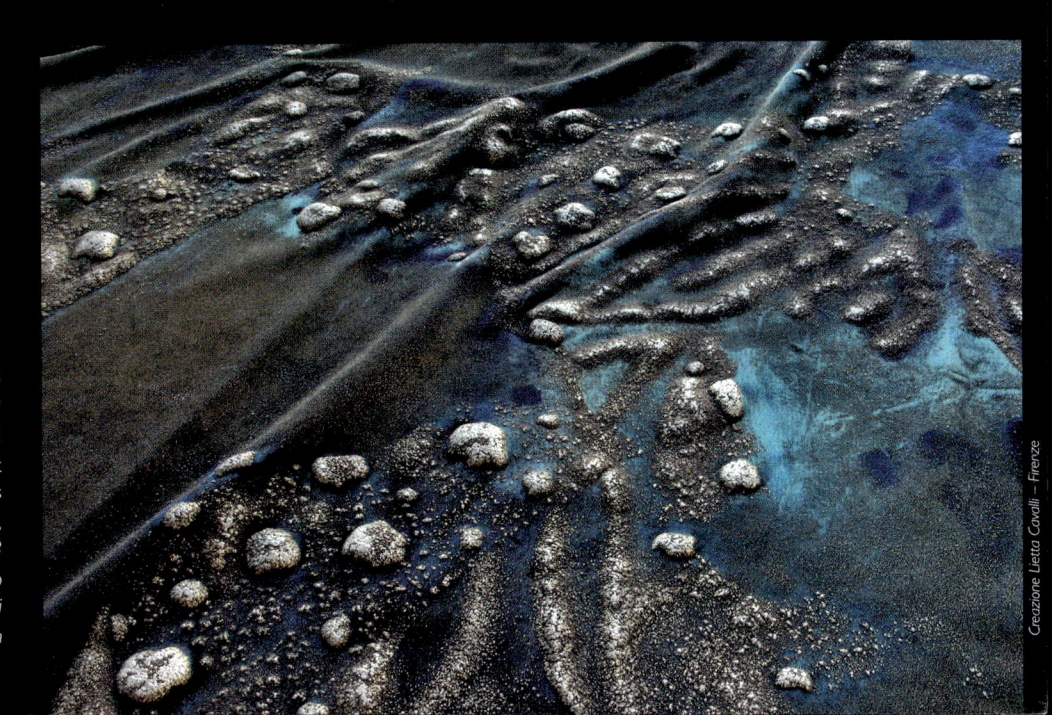

bibliography

BIBLIOGRAFIA GENERALE

Bellezza RM & Cataldi Gallo M, *Cotoni stampati e mezzari dalle Indie all'Europa*, Genova, Sagep, 1993

Boccherini T & Marabelli P, *'Sopra ogni sorte di drapperia....'. Tipologie decorative e tecniche tessili nella produzione fiorentina del Cinquecento e Seicento* (catalogo della mostra), Firenze, Maria Cristina de Montemayor Editore, 1993

Boccherini T & Marabelli P, *Atlante di Storia del Tessuto. Itinerario nell'arte tessile dall'antichità al Déco*, Firenze, Maria Cristina de Montemayor, 1995

Davanzo PD & Moronato S, *Le stoffe dei veneziani*, Venezia, Albrizzi Editore, 1994

De Gennaro R (a cura di), *Velluti operati del XV secolo col motivo delle 'gricce'*, Firenze, SPES, 1985

De Gennaro R (a cura di), *Velluti operati del XV secolo col motivo 'de camini'*, Firenze, SPES, 1987

De Roover F, *L'arte della seta a Firenze nei secoli XIV e XV*, Firenze, Olschki, 1999

Devoti D, *L'arte del tessuto in Europa*, Milano, Bramante Editore, 1974

Devoti D & Romano G, *Tessuti antichi nelle chiese di Arona* (catalogo della mostra), Torino, Ages Arti Grafiche, 1981

Devoti D, *La seta. Tesori di un'antica arte lucchese. Produzione tessile a Lucca dal XIII al XVII secolo*, (catalogo della mostra), Lucca, Maria Pacini Fazzi Editore, 1989

Failla D, *Tessuti preziosi del Giappone*, Genova, Compagnia dei Librai, 1985

Fanelli, G & R, *Il tessuto moderno*, Firenze, Vallecchi, 1976

Fanelli G & R, *Il tessuto Art Nouveau*, Firenze, ed Cantini, 1986

Fanelli G & R, *Il tessuto Art Decò*, Firenze, ed Cantini, 1986

Guidotti A & Liscia B D (a cura di), *Un parato della Badia Fiorentina* (catalogo della mostra), Firenze, Nardini Editore, 1981

Lucidi MT, (a cura di), *La seta e la sua via*, Roma, Edizioni De Luca, 1994

Peri P, (a cura di), *Tessuti copti nelle collezioni del Museo del Bargello*, Firenze, SPES, 1996

Peri P, *Bordi figurati del Rinascimento* (catalogo della mostra), Firenze, SPES, 1990

Suriano CM, & Stefano C, *La seta islamica. Temi e influenze culturali*, Firenze, SPES, 1999

Indue me Domine. I tessuti liturgici del Museo Diocesano di Brescia (catalogo del Museo), Venezia, Marsilio, 1998

Velluti e Moda tra XV e XVII secolo (catalogo della mostra), Milano, Skira, 1999

WOVEN SPLENDOUR BIBLIOGRAPHY

Bunt CGE, *Florentine Fabrics*, F Lewis, Leigh on Sea, 1962

Bunt CGE, *Venetian Fabrics*, F Lewis, Leigh on Sea, 1959

Boccherini T (ed), *The Prato Textile Museum*, Skira, 1999

Bonito Fanelli R, *Il Museo del Tessuto a Prato: La Donazione Bertini*, Firenze, 1975

de Osma G, *Mariano Fortuny*, London, Aurum, 1994

Fabrizio de' Marinis (ed), *Velvet: history, techniques, fashions* (Translated from Italian by Antony Shugaar), Milan: Idea Books, 1994

Gostelow M, *Embroidery, Traditional designs, techniques and patterns from all over the world*, Marshall Cavendish Ltd, 1977

Santangelo A, *The development of Italian textile design from the 12th to the 18th century* (translated from the Italian by Peggy Craig), London: Zwemmer, 1964

Schoeser M, *World Textiles, A Concise History*, Thames and Hudson, 2003

Scott P, *The Book of Silk*, Thames & Hudson, 1993

Thornton P, *Authentic Décor: the domestic interior 1620-1920*, London, Weidenfeld & Nicholson, 1984

sponsor the Italian Cultural Institute

The Italian Cultural Institute is the only official Italian government agency for the promotion of cultural exchanges between Great Britain and Italy. The Institute organizes and promotes lectures, exhibitions, literary meetings, debates, poetry readings, fashion events, screenings, concerts, plays and media events, both at the Institute and elsewhere.

It also supports activities and events organised by other institutions when connected with the promotion of Italian culture, artists, writers and performers in this country.

Our home is a prestigious listed building in Belgrave Square, in the heart of the most elegant part of London.

We are committed to promoting Italian Culture in a way that is accessible to most; therefore most of our events are free of charge. We have to rely on Italian government grants, sponsorship and, most importantly, the support of our members and of the Italian companies present in the United Kingdom.

Italian Cultural Institute, 39 Belgrave Square
London SW1X 8NX Telephone: 020 7235 1461
Fax: 020 7235 4618 http://www.italcultur.org.uk

Italian
Cultural
Institute

museo del tessuto

The Museo del Tessuto is located in Prato in Tuscany and is the largest institution entirely devoted to the enhancement of textile culture in Italy. Since the mid-nineteenth century Prato has played an important role as the centre of fine quality textile manufacture in Northern Italy. The aim of the museum is to enrich knowledge and understanding of the history of textile production through all its stages. Since it opened in 1975, the Museum has acquired numerous particularly significant textiles from the Renaissance period (from the 15th to the 17th century) as well as later centuries. The collections also contain fabric from Peru, Egypt, India and Europe together with outstanding examples of machinery and equipment used within textile manufacturing.

Il Museo del Tessuto è situato a Prato, in Toscana ed è la più importante istituzione interamente dedicata alla valorizzazione della cultura tessile in Italia. A partire dalla metà dell'Ottocento Prato ha svolto un ruolo di grande importanza per la manifattura di tessuti nel Centro-Nord Italia. La missione del Museo è quella di promuovere la conoscenza della storia della produzione tessile attraverso le sue vicende più significative. Dalla sua nascita, datata al 1975, il Museo ha acquisito numerosi e importanti esemplari tessili dal Rinascimento all'Ottocento. Oltre a questi le collezioni comprendono campioni provenienti dal Perù, dall'Egitto, dall'India e da tutta l'Europa insieme a macchinari e strumentazioni di grande valore storico utilizzate per produzione tessile.

moda

MoDA, the Museum of Domestic Design & Architecture, has become known as the 'museum of the history of the home'. It holds nationally important collections of wallpapers, textiles and surface pattern design. The collections provide a vivid picture of domestic life in the first half of the twentieth century. Its exhibitions explore themes relating to the whole notion of 'home', drawing on social, cultural and design history and encouraging visitors to contribute their own memories. MoDA's collections are also a rich source of inspiration for students and for international designers.

As a university museum, MoDA contributes to the academic life of Middlesex University, while at the same time welcoming local, national and international visitors to its exciting programme of exhibitions, events and activities.

MoDA, Museum of Domestic Design & Architecture, è conosciuto come il 'museo della storia della casa'. Ospita importanti collezioni nazionali di carte da parato, tessuti e design per le superfici. Le collezioni offrono un ricco quadro della vita domestica nella prima parte del ventesimo secolo. Le mostre esplorano temi riguardanti diversi aspetti della nozione di 'casa', tenendo conto della storia sociale, culturale e del design e incoraggiando i visitatori a contribuire con i loro ricordi personali. Le collezioni del MoDA sono inoltre una grande fonte di ispirazione per studenti e designer internazionali.

In quanto museo universitario, MoDA contribuisce alla vita accademica della Middlesex University, accogliendo allo stesso tempo visitatori locali, nazionali e internazionali all'interno di un fitto programma di mostre, eventi ed attività varie di grande interesse culturale.

Editor Zoë Hendon

Authors

Daniela Degl'Innocenti (*Curator, Museo del Tessuto*),
Dr Jane Bridgeman (*Textile Historian*), Zoë Hendon
(*Assistant Curator, MoDA*)

Translators Anna Costantino, Michael Rice

Translation support

Dr Jane Bridgeman, Daniela Degl'Innocenti,
Abele Longo, Roger Taylor

Design and Art direction

Bluemove Communications

Artwork Helen Taylor

Photography Paul Boocock

Picture research Arianna Sarti

Supporters and Sponsors

MoDA is grateful to its many supporters including:
The Italian Cultural Institute, Design History Society,
The Friends of MoDA, Southgate Cultural Fund,
The Textile Society, Kravet
MoDA also wishes to thank the following for their
ongoing support of the museum:
Arts & Business, Arts & Humanities Research Board,
Heritage Lottery Fund

MoDA is a Middlesex University Centre of Excellence